椀鸟的疗愈之旅

王媛 著

SPM
南方传媒 | 新世纪出版社

· 广州 ·

图书在版编目（CIP）数据

椀鸟的疗愈之旅 / 王媛著. -- 广州：新世纪出版社, 2025.3. -- ISBN 978-7-5583-4574-6

Ⅰ. C913.11

中国国家版本馆 CIP 数据核字第 2024VK6178 号

出 版 人：陈志强
选题策划：李碧梅
责任编辑：黄良悦　吴晓玲
责任校对：朱　琳　杨洁怡
责任技编：王　维
封面设计：aao 一个答案工作室
版式设计：杨　洋
内文插图：曾善苹

WANNIAO DE LIAOYU ZHI LU

椀鸟的疗愈之旅

王媛　著

出版发行：新世纪出版社

（地址：广州市越秀区大沙头四马路12号2号楼
邮政编码：510102）

经　　销：全国新华书店
印　　刷：广东鹏腾宇文化创新有限公司

（地址：广东省珠海市香洲区唐家湾科技九路88号10栋厂房）

规　　格：890 mm × 1240 mm
开　　本：32开
印　　张：8
字　　数：155千
版　　次：2025年3月第1版
印　　次：2025年3月第1次印刷
定　　价：48.00元

质量监督电话：020-83797655　购书咨询电话：020-83781537

生命中的曙光

这是一本心理咨询小说。一个咨询个案就是一个故事，而人生本来就是由许多个故事组成的。

孩子的问题绝大部分是父母的问题，这已经是不争的事实。许多父母不懂得如何处理自己的两性关系、创伤和情绪，同时也不懂得如何教导孩子，到最后孩子就容易出现问题。但是作为父母，我们是故意的吗？我们自己想变成这样吗？在我们自己成长的过程中，也从来没有人教导我们如何谈恋爱，如何处理两性关系，更没有人教导我们如何处理情绪，如何教导孩子。家里没人教，学校里也没得学，工作后，身边的朋友、同事也没几个人懂。

当孩子出现问题的时候，我们也求助无门。许多父母会把心理疾病当作是生理疾病来处理——把孩子带到医院，让医生确诊、开药，回家后就监督孩子吃药。这些是孩子过往生病时应对的有效流程。结果，父母发现心理疾病很不一样。药吃了，孩子的情绪能暂时稳定下来；药吃完了，孩子的情绪又会开始起伏。父母唯有继续带孩子回去复诊，再开药，再继续吃药，把吃药变成长期的事情，以为孩子吃了药就可以正常地上课，但是大部分心理疾病的处方药都会导致某些后遗症。药物把孩子的情绪反应降了七成，他们的精神状态会变得浑浑噩噩，导致无法正常地上学，只能以病人的身份在家里闲待着，成为一家人担心、焦虑或不开心的导火索。当然，长期下来，孩子自己也很不好受。

这一切的发生源于：

一、家庭和学校缺乏对管理情绪和处理亲密关系的教育；

二、目前医院的临床心理治疗科系建设相对薄弱。临床心理治疗是非药物治疗，是针对心理障碍而产生的治疗技巧；

三、有关心理治疗的"认证制度"还不完善。

大媛老师在本书中以一个比较典型的心理个案，带出了目前家庭中父母与孩子的常态问题。

父母习惯为孩子安排一切，按照自己认为对的方式安排孩子的生活和人生，却忽略了当孩子进入青少年阶段，就已经是"准大人"，开始产生要独立自主的情绪和行为。孩子十二岁以前（尤其是六岁以前），因为没有足够的人生经验，对许多事情的想法都很幼稚，很不成熟，如果按照他们的想法来处理事情，结果是可想而知的。因此父母习惯为孩子做"更好"的决定，习惯让孩子顺从自己。如果没有学过关于孩子成长过程中的心理变化、心理需求和情感需求的知识，父母会以为爱孩子就是为孩子做最好的安排，而忽略孩子也是一个独立自主的个体，成年以前他们需要一个学习如何独立自主的过程。这个过程就是十三岁到十八岁之间的青少年时期。这个被称为"叛逆时期"的年龄阶段，其实是孩子健康成长的重要时期。孩子与父母的关系、自己以后的两性关系、自己和自己的关系（自我价值），都会在这个时期奠定重要的基础。

我们自己儿时的创伤会影响成年以后的性格。我们的情绪模式、行为模式、应激反应模式组成了我们的性格。如果没有学过相关的知识和方法，我们一般都是被自己的性格牵着鼻子走的。结婚以后，不管过得好或不好，我们都难以控制自己的性格模式，这不但影响自己与伴侣、孩子的关系，还使自己陷入痛苦的深渊。

值得庆幸的是，21世纪初，国内多了一个行业：培训。有关心理健康、非药物临床心理治疗的知识开始在培训行业中出现。经过二十多年的努力，我们开始拥有成熟的非药物临床心理治疗师。虽然目前还没有成熟的机制，但大家已经可以在业界找到相关的课程与心理辅导机构。

大媛老师的这本书有如及时雨，带给读者最需要的认知。它仿佛打开了一扇窗，让我们看见了人生旅途中的另外一道风景。原来父母与孩子之间还有许多不同的相处模式可以选择，原来当我们面对孩子的心理问题时，去医院和吃药不是唯一的选择，因为已经有相关的专业人士可以提供专业的解决方案。但愿我们可以跟更多的人一起分享！

著名心理咨询师、国际NLP导师　戴志强
2023年8月

当你站在高处，往这座城市的南边望去，会看见一幢三层高的流线型白房子，几何图案式的构造，屋顶上却盖了一层仿古的碧色琉璃瓦。房子前方有一块长方形的草坪，四周围着矮矮的白石栏杆。园子里有一排修剪得整整齐齐的常青树，有六个环绕的花床，里面种着一些红色的花。远远看去，只感觉布置严谨，一丝不乱，就像漆盘上淡淡的工笔彩绘。

少女椀鸟就住在这幢白房子里，她正值花季的生命本应如骄阳，但她最近迎来了人生中的阴霾天。曾经的椀鸟成绩优异、开朗大方，拥有很多朋友，一直是他人眼中"别人家的小孩"。但从某天起，优秀的她再也没法去学校上课了，因为一旦出门，她就会感到难以呼吸，脑袋胀痛。有一天，她爸爸喝醉了酒，在电话里把她叱骂一通，责问她为什么不能更优秀，为什么不能像他当年一样努力。椀鸟听后，拿起桌上削水果的工具，伤害了自己。幸好椀鸟妈妈及时将她送往医院。自那以后，椀鸟一直在吃抗抑郁药物，但她觉得自己好不了了。

她的朋友们很着急，也给了她很多支持。她们鼓励椀鸟去找曾在学校代过课的企鹅老师，接受心理咨询。

在椀鸟的疗愈之旅中，企鹅老师也深度探寻了椀鸟的母亲——林鸮女士的内心。孩子问题的根源一般出自原生家庭，父母的爱是根，根深则叶茂，根浅则叶短。

在企鹅老师对这个家庭的一步一步深挖下，一个故事就此展开。

而在椀鸟心中，一些变化也正悄然发生……

目录

第一章 一场风暴来临

天灰蒙蒙的，蕴积着即将来临的风暴，叫人喘不过气。

小浣熊推开面前厚厚的人群，奋力挤到最前方。

扑面而来的是一片鲜红，空气中飘着铁锈的味道。地上满是凌乱的脚印，中间是一副急救担架，上面躺着一个女孩。那是椀鸟，她最好的朋友。她们明明前两天才见过面，聊过天。

人群的议论声像针一样扎进小浣熊的脑袋里，救护车的鸣笛声急促且刺耳，她觉得自己的血管像要爆开了。"咚"的一声，面前的景色颠倒了方向，小浣熊眨眨眼，才发现自己一屁股摔到了地上。

她想爬起来，用手臂支撑着地面，身体却像没骨头一样，又跌了回去。这回有人发现了她的异样，把她从地上扶了起来。她歪歪扭扭地站稳，身体还在不由自主地颤抖。

她试图回忆那天和椀鸟说过的每一句话，以及椀鸟脸上的每一个表情。她想找出问题的关键，想弄清楚这一切的缘由，可大脑却一片空白，什么都想不起来。

突然，她的眼睛捕捉到了什么。

那是一位背脊挺直的妇人，她挽着优雅的发髻，站在急救担架旁边，站在那圈医护人员的中心。她在说着什么，但小浣熊没法听清。

这一刻，小浣熊虚脱的身体突然注入了一丝力气，她跌跌撞撞地冲到妇人身边，抓住了妇人的手腕。

出乎她意料的是，妇人急匆匆地甩开了她的手。

下一秒又像是意识到了什么，回头看向了她。

"小浣熊。"

妇人念着她的名字，声音低沉，带了些嘶哑。

小浣熊的心有些发凉，但妇人是她目之所及唯一认识的人，她只能咽了口唾沫，继续鼓起勇气去问。

"阿姨，椀鸟怎么了？"

说出椀鸟的名字时，她的眼睛湿润了，脑袋里那种像要爆炸的痛感更清晰了，她觉得自己下一秒就要大哭出声。

她的父母和椀鸟的父母都在医院工作，这不是她第一次看见救护车，也不是她第一次听见救护车的鸣笛，更不是她第一次看到那样大片的鲜红，但她还是深陷于对未知的恐惧中。

妇人没什么表情，只是不自然地甩了甩手，又摇摇头：

"没事，去医院就好了。"

小浣熊还想再问些什么，但妇人已经快步走向了救护车，并且还在不停说话，这或许正是她声音变得嘶哑的原因——她还在引导着现场的医护人员，那样冷静，那样自持，仿佛这只是她经手的又一个病人——椀鸟被顺利地抬上了救护车，前后不过几分钟的时间。

小浣熊站在原地，一动不动地盯着妇人的脸。

她想找到些什么。

难过，慌张，害怕，惊讶——什么都好。但什么都没有。

每个人都说，椀鸟拥有完美的父亲和母亲。

现在也是如此，妇人的表情没有一丝波澜，她还是那么完美，和从前别无二致。

小浣熊想从她脸上看到任何一丝难过的痕迹，哪怕只是一滴眼泪。但没有，她还是那个完美的阿姨。

她曾经羡慕过椀鸟有一位完美的妈妈，她从来没有听过椀鸟被妈妈说一句重话。

但她的心不由自主地泛起寒意，因为她很笃定，如果场景转换，自己的妈妈一定会哭得很厉害。

救护车匆匆驶向医院，椀鸟被送走了，犹如风暴中心离开了这片区域。

小浣熊下意识地追着车跑了几步，又慢慢停了下来。

围观的人群渐渐散开，先前纷乱的议论声如潮水散去，乱糟糟的环境也重归安静。在逐渐远去的鸣笛声里，小浣熊的脑海中突然冒出了一句话。

准确来说，是一条由社交软件发出的聊天信息。

它出现在某一次和椀鸟的谈话中，但话题导向了哪里，是否不了了之，小浣熊已经记不清了。

那上面写的是：我现在不太好。

这六个字像烙铁一样烙在了小浣熊心里。她突然明白了，原来这是一句求救。

原来在她还没意识到的时候，她的好友椀鸟已经发出过请求。

小浣熊努力晃动自己发软的身体，她要跑起来，她要去医院和椀鸟见一面。

她知道自己必须做点什么，她已经错过了一次机会，不能允许自己再错过。

医院的建筑外观是如此熟悉，从小时候起，小浣熊就会到这儿来找爸爸妈妈，等他们下班。她已经习惯了这里的消毒水味道，却没有坐在ICU（重症加强护理病房）前的经历。

椀鸟在ICU里待了一晚，终于转到普通病房。小浣熊当天守了一段时间后被妈妈接走了，第二天她又跑到了医院去。

这次除了她，还有一些平时和椀鸟一起玩的朋友。他们坐在走道上，椀鸟妈妈站在他们面前，正在解释情况。

"椀鸟只在ICU待了一晚，伤口不是很深，也没有伤到筋骨，对将来生活影响不大。"

影响不大，椀鸟妈妈是这么说的。

听到这话，身边的朋友明显都松了口气，开始聊了起来。

小浣熊抬起头，她端详起面前妇人的脸，它在医院白炽灯的映照下显得有些苍白，像向来精致的花瓶有了一丝细微的瑕疵。

他们来得很早，但偌大的医院已经苏醒。

走道不时有人影穿梭，他们的表情都尽显疲惫。

椀鸟的身体并无大碍，可心上的伤口呢？

将来的生活又会是什么样？

小浣熊只希望不要再发生这样的事情了。

椀鸟所在的病房门口有一扇狭小、透明的玻璃窗。小浣熊不敢进去，心里没来由的有些胆怯。她只能把额头抵在门上，努力踮起脚，把眼睛探进那扇小小的窗口。透过它，她得以看见里头的椀鸟。椀鸟正面无表情地看着窗外，仿佛一只坠落在床上，再也飞不起来的小鸟。

是谁折去了她的翅膀？

小浣熊有一种直觉，椀鸟并不像阿姨口中说的"影响不大"。

她垂头丧气地坐回原位。明明只有一墙之隔，此时的椀鸟却像离她很遥远。她什么忙都帮不上。

该怎么办？

小浣熊脑子里天旋地转的，心里既自责又愧疚。深深的无力感把她包裹起来。

突然，她灵机一动。

她想起来了，之前有一位心理老师来学校开过讲座，她和椀鸟都上过这位老师的课。当时，老师给每个人都留下了电话号码，跟大家说遇到困难可以随时联系她。

小浣熊捧着手机，在通讯录里使劲儿翻找。她紧张得手都出汗了，咬着嘴唇，死死盯着每一行字，生怕错过了什么。

终于，那位老师的名字出现在视线范围里。

小浣熊猛地蹦了起来，把周围的人吓了一跳，大家纷纷用诧异的眼神看着她。她管不了那么多，抓起手机就像一阵风似的跑去了楼梯间。

她颤抖着拨通那个电话。

听筒里的电话铃声响起，滴，滴，滴。每响一声，她的心都高高提起，又晃晃悠悠地坠下，碰不到底。

其实不过三四秒的时间，小浣熊的思路已经转了好几个弯。她一边想，这号码是对的吗？自己当时会不会不小心输错了？一边又担忧老师会不会已经换了号码，毕竟离那次课程已经过去了一段时间。

"咔嗒"一声，电话接通了。小浣熊的心重重地颤了一下。

"喂？"她像刚吞下了一大口老面馒头，被堵住了嗓子，声音微弱且干涩。她担心对面听不清自己说话，赶紧清了清嗓子追问道："是企鹅老师吗？"

　　隔了一秒，对面传来一道温柔的声音。

　　"是的，我是企鹅老师。"

　　小浣熊重重地呼出一口气，觉得血液又重新回到了心脏，身体终于又能动弹了。

　　"我是小浣熊，"她听到自己的声音越来越沙哑，"老师……"

　　"嗯，是，我在这里。"对面的声音仍然温柔有力。

　　听到这句话，小浣熊突然大哭出声，她的心好像直到此刻才安然落回到了胸口的位置。

　　"老师，你帮帮椀鸟吧……"

　　她哽咽道。

小浣熊的做客

第二章

再次正式见到椀鸟，已经是两周后了。

椀鸟终于出院了，之前在医院里，小浣熊只能偶尔和椀鸟聊聊天。说是聊天，不过是小浣熊在一边说着些无关痛痒的闲话，而椀鸟极偶尔才回应一句。

先前向企鹅老师电话求助时，老师建议她多多陪伴椀鸟。似乎看出了她的想法，老师甚至还特意补充，让他们几个朋友不需要特意逗椀鸟笑，不需要刻意忽略这件事情，不需要当这件事情没有发生过。

"让一切维持原样。"

这是企鹅老师对她说得最多的叮嘱。

小浣熊一直严格执行着老师的建议，如果椀鸟明显不想说话了，她就坐在她旁边，陪着她，不说话。她知道，陪伴是她能给予椀鸟微小但有用的帮助。

走进椀鸟的家，一切好像没有变化，一切又好像都变了。

客厅有一个保险柜，小浣熊知道里面有什么——药瓶，很多药瓶，那都是椀鸟的药，但椀鸟不愿意吃，椀鸟妈妈只能把它们都锁在柜子里，担心椀鸟用它们再做傻事。

她知道柜子里还有什么，因为她当时看见过。

那时她陪椀鸟出院，和椀鸟一起回家的，还有那一罐罐药物。

椀鸟妈妈把医生开的药一件件收拾好，放进保险柜，像给货架填货。她面无表情地劳动着，沉默地按下密码。锁舌卡住的声音，在小浣熊耳朵里，带着某种镣铐的意味。

椀鸟拒绝服用它们，如同拒绝很多别的事物。

在那个带锁的空间里与药片作伴的，还有其他有可能被使用的危险物品。

或许在别人家里，保险柜里放的是财产，而在椀鸟家里，保险柜更像一道禁忌。它既能拯救椀鸟，又能伤害椀鸟。

今天也是如此。

饭后，椀鸟又要按时服用那些药。或圆或方的药片，大小不一地躺在椀鸟的手上，满满的，堆成了颜色各异的小山。

椀鸟妈妈只挑拣出了椀鸟要服用的部分，又把剩余的瓶瓶罐罐锁回柜子里。

这么做的时候，小浣熊不由得担忧地看向椀鸟，却发现椀鸟根本没抬眼，她大概是习惯了，一手捧着小山似的药，一手捧着手机，也不说话，无动于衷。小浣熊能感觉到椀鸟妈妈明显想和椀鸟说点什么，可看椀鸟这副样子，还是放弃了。

等椀鸟妈妈离开，椀鸟马上就把手机放下了。先前看的视频对她而言在一秒之内便失去了吸引力。

小浣熊知道，手机变成了椀鸟拒绝沟通的一个工具。

"白费力气。"椀鸟忽然笑了，"等他们都讨厌我，让我消失，这一切就和我没关系了。"

小浣熊第一次看到椀鸟这样的笑容。明明嘴角朝上，却流露着绝望。

以前的椀鸟不是这样的。

她还能回想起那时椀鸟的模样。

椀鸟特别喜欢日本的ACG①元素，喜欢cosplay②，每次有活动，椀鸟都会拉上她一起参加。椀鸟多么耀眼啊，她长得好看，喜欢一切闪亮的东西。她身上穿的衣服是漂亮的洛丽塔服饰，每一套都价值不菲。椀鸟有一整个房间用来放她的小裙子，她有一个宠爱她，从来不会拒绝她的爸爸。椀鸟爸爸向来很舍得给她买这些，从衣服到鞋子，从品牌款到限

---

① ACG：即动画，漫画、游戏。
② cosplay：角色扮演。

定款，因此没有人不羡慕椀鸟。

那时候，椀鸟像一只最耀眼的小鸟。但也总有人会在背后对她指指点点，说她张扬，说她哗众取宠，说她没有内涵。可小浣熊觉得，椀鸟就像太阳一样，光芒四射。哪怕只是站在椀鸟身旁，小浣熊都会觉得自己变得更好、更耀眼、更惊艳。

只有和椀鸟在一起，小浣熊才觉得自己能暂时从内向懦弱里走出来。椀鸟有着多么明朗的性格啊，一直以来，小浣熊都想成为她。

可这样的椀鸟，此时此刻正毫无生气地躺在床上，对她谈起了关于生命走向终点的话题。

小浣熊看着她的好友。椀鸟的刘海儿变长了，还没有修剪，把眼睛挡住了。她伸出手，小心地整理着椀鸟的头发，想让那双眼睛露出来。

椀鸟没有抗拒，她们以前偶尔也会像这样给对方扎头发。

"你还记得那位老师吗？"小浣熊给椀鸟理好头发，又轻轻握住椀鸟的手，"给我们上过心理课的老师。"

椀鸟没有说话，她现在都不爱说话了，空气里流淌着沉默。

但小浣熊知道，这不是拒绝，她分得清椀鸟的拒绝和默许。

这大概是个不错的时机，小浣熊想抓住它。

"我跟她聊了一会儿天，她很想来家里见见你，你觉得呢？"

这是那天和企鹅老师在电话里敲定的内容。老师想要和椀鸟见一面，但害怕唐突，只能先由小浣熊给她做工作。

椀鸟没说好，也没说不好，但脸上并没有抗拒的神色。小浣熊继续握着她的手，时间在沉默中缓慢游走。

"好吧，"最后，椀鸟松了口，"不过我不保证我想说话，也不一定会和她聊天。"

但这已经足够让小浣熊振奋了。小浣熊爬起来，不由自主地扬起唇角，又想起了什么，把嘴角往下压了压。

她要椀鸟帮她编发，像以前一样。椀鸟没有说话，面无表情地坐了起来，温柔地梳起小浣熊的头发，细致地编了一个小浣熊最喜欢的蝎子辫。透过镜子，小浣熊看见椀鸟盯着自己编出来的发型出神，小浣熊没有打断她，最终椀鸟什么话也没说，又躺下了。

奇怪的感觉涌上小浣熊心头，小浣熊发自内心地喜欢这样安静的共处时刻。

离开时，椀鸟妈妈把小浣熊送出了大门口，小浣熊纠结了一会儿，还是跟椀鸟妈妈说起了企鹅老师的事。

原本她以为会被拒绝，但没想到椀鸟妈妈当下就答应了下来，甚至还主动抓住了她的手，一连着急地提了好几个问题，又是询问老师什么时候能过来，要安排什么，又在琢磨自己需要提前准备什么。

小浣熊先是有点懵，但看到椀鸟妈妈的眼睛时，她又忽然一切都懂了。

向来优雅从容的妇人竟然有了一丝慌乱，一丝惊喜，她的手甚至还在微微颤抖。

小浣熊也暗自松了口气，原来想要椀鸟快点好起来的，不仅仅只有她一个人。

椀鸟愿意和其他人见面，就是新的希望。

这一天是个晴天，小浣熊走在林荫道上，这条路她走过无数次，有时带着快乐，有时带着自卑，经历过之前的事件后，甚至还带上过惊恐与绝望。

然而，这一刻的感受是真实的。

她试图用一个词去概括她的内心活动，却失败了。

那种久旱逢甘霖的狂喜，那种触动人心的救赎，那种强烈殷切的期盼……

小浣熊抬起头，正好看到被落日缀满的云彩，像绸缎般绣满了整片天空。

她和椀鸟也曾经走在同一条路上，看着同样的景色，聊过很多或快乐，或悲伤，或不为人知，或满怀希望的心事。

"老天啊，"她默念，"无论要我付出什么代价都可以，让椀鸟好起来吧。"

小浣熊衷心期待着能再次和椀鸟站在户外欣赏这片景色的那一日来临。

第 三 章

椀鸟和一棵枯树恋爱了

站在原地，企鹅老师向上望去。

眼前是一栋三层的白色流线型洋房，欧式建筑风格，像婚礼上的豪华大蛋糕，由甜品师铺整完美的抹面，一层挨着一层，每一圈都挤有精致的奶油装饰。外墙连缀着盛放的蔷薇花，香气扑鼻而来。

如果要给这次到访一句评价，那大概会是"刚刚好"。

一切都刚刚好，接送她的车子刚刚停下，她推开门，抬眼就看见一位穿着得体的妇人站在房门外，对她点头示意。只一个照面，企鹅老师就明白过来，这一定是椀鸟的妈妈。这位妇人的身上，有着把一切都算得"刚刚好"的执着。

妇人梳着一丝不苟的发型，妆容精致，看不出具体年纪。她不算亲近，但也并不疏离，相互打过一声招呼后，妇人便将企鹅老师引到屋里去。

这幢洋房也带着那种"刚刚好"的感觉，前门左侧的扶手与右侧的鞋柜色调相映，显然经过一番设计，匹配得恰到好处。企鹅老师还没来得及将整个场景观察一遍，又被椀鸟妈妈的手吸引住视线。那是一双白皙的手，腕骨瘦削，妇人握住门把，微微侧过身开门，礼貌而不失分寸。

"请进。"她说。

走进"豪华大蛋糕"的内部，仿佛来到了另一个时空。

静，似乎是这座房子给外来者最直观的感受。企鹅老师踏进去，都不由得担忧脚步声是否会带来回音。映入眼帘的是餐厅，餐桌上的一份早餐被摆放得整整齐齐，却不再冒着热气。

像是感受到企鹅老师的视线，椀鸟妈妈也看了一眼桌面，回头解释了一句："这是给椀鸟准备的，如果她起来了，就不会饿着肚子。"妇人想了想，又补充道："我不想让孩子觉得我忘记她了。"

作为心理咨询师，企鹅老师本能地被这句话所吸引。

这个看似完美的女人暴露了一些信息，这在今后可能会有所帮助，但今天的重点还是椀鸟。

那天接到小浣熊的求助电话后，企鹅老师便期待着能和椀鸟见面的一日。

终于，小浣熊在上周给她拨来了电话，告诉她椀鸟已经同意了会面，并给她发来了椀鸟妈妈的联系方式。在约定见面的今日，她便来到了椀鸟的家。

进门往右就是扶手楼梯，椀鸟的房间就在二楼。

约两层楼高的落地窗前，摆放着一台雅马哈钢琴，但摆放的角度有些奇怪，它那么大，正放的时候正巧会挡住一大片落地窗外的景色。反而是靠近楼梯的那侧有一组沙发和茶几，从那儿往落地窗看，既不会被遮挡视线，又能看清演奏者的每个动作。

这一细想，企鹅老师便明白过来。

窗外的风景并不属于演奏者，这位演奏者不过也和这片景色一样，是被展示的，共同提供给沙发上的观众欣赏。

二楼更是一片寂静。空荡的楼层只有一个房间，洗手间并非在房间里面，而是在靠近楼梯口的外侧。这也意味着，这个房间的使用者必须要从房间出来，才能使用这个楼层的洗手间。

这样的设计也能很大程度地看出设计者的意图——与实用性无关，仅仅以自己的意愿去设计。

看着身前引路的妇人的背影，企鹅老师的心倏然升起一丝凉意。

每一个细节都在提醒她，这个家的排位顺序，其实渗透在每一处角落。

来到椀鸟的房间门口，妇人轻轻敲了敲门，随后便走进去。企鹅老师站在门外，能听到椀鸟妈妈用温柔细弱的声音在耳语着什么，却听不见椀鸟的回复。过了一会儿，椀鸟妈妈出来了。

"她醒了。"

只有这一句话，没有说孩子是否同意，也没有说些别的，仅仅是个通知。

企鹅老师有些踌躇和尴尬，但还是点点头，进去了。

来这儿之前，企鹅老师已经听说了椀鸟近期的情况。

椀鸟这段时间都只能卧床，由于不怎么吃东西，身体也很虚弱，并不是一个很好的状态。

果然如她所料，进去后，椀鸟躺在床上一动不动，用被子蒙住头。她看不见椀鸟的脸，只能看到被窝拱起了一点幅度。

意识到界限的问题，企鹅老师从一开始就没有着急靠近椀鸟。

她选择站在门口，和藏在被窝里的椀鸟打招呼。

"椀鸟，你好。"她让声音保持在不轻不重的音量，"我是企鹅老师，之前在学校见过你和小浣熊。"

没有任何回复，被窝里的椀鸟一动不动。

时间流逝的速度好像一下子变慢了，企鹅老师知道，这只是第一步，却也是重要的一步——这是与椀鸟建立关系的开始，也是椀鸟对她最初印象的搭建。

不知时间过去了多久，终于，企鹅老师听到椀鸟"嗯"了一声。

这一声极轻，像清晨的露珠滑过叶尖，落在了地上。悄无声息，但确凿存在。

这也将企鹅老师提起的心轻轻地放回了平地。

尊重孩子，尊重孩子的领地，这一向是企鹅老师对自我的要求与准则。幸运的是，椀鸟好像感受到了，并愿意接受这个示好。

椀鸟的房间是这么大，显得被窝里的椀鸟是那么小。

企鹅老师缓步走到了椀鸟的床前，她选择坐在地板上，注视着面前的椀鸟。那床薄薄的被子仿佛一个保护罩，将椀鸟整个裹在里头。企鹅老师观察着椀鸟的呼吸节奏，刻意模仿着她的一呼一吸，和她同频。

吸气，呼气，吸气，呼气……

几个回合后，企鹅老师感觉到了在被子里的椀鸟的感受——舒服。

这是一种受限制的舒服，不能肆意地伸开手脚、舒展身体，而是安静、乖巧地蜷缩在小小的柜子里，因为四周的封闭与黑暗，让人获得了暂时且仅有的安全的舒服感。

这实际就是一种矛盾。企鹅老师看着面前拱起的被子，心里瞬间变得柔软，充满了怜爱。她的视线仿佛能穿透这床棉被，看见里面蜷缩的女孩。

那正是椀鸟内心的姿态。

有一个瘦小的孩子，蜷缩着，沉默着，没有力气挣扎，没有力气呼救，四周都是让她恐惧的黑暗。可这份恐惧不足以让她爬出柜子，因为相较于里面这份恐惧，外面有着更深更大的痛苦需要她去面对。所以她宁愿在这个空间里待着，不能动，不敢动，更没有力气动。

企鹅老师选择给椀鸟讲一个故事。

风恰时地吹来，将厚重的窗帘吹开一条缝隙。

外面的阳光像一株努力向上生长的藤蔓植物，悄悄沿着缝隙，攀上了女孩的床沿，温暖和煦。

今天也是一个晴天。

企鹅老师把声音放得很轻，很柔，仿若羽毛缓缓拂过心间。

"从前，有一个四五岁的小女孩，她总是一个人。其实也不是，她身边有爸爸妈妈，还有一个弟弟。爸爸妈妈总是有很多朋友来家里做客，隔壁的邻居小朋友也会和她玩，可是，她总有一种感觉，自己是一个人，很孤单。

"有一次，她妈妈出门了，一连几天都没有回来。她好想她的妈妈啊，就走去玩具房，拿起一个玩具电话，拼命给妈妈打电话，假装和妈妈说话。"

企鹅老师的声音也带上了焦急的哭腔。

"她说：'妈妈，我想你，你快回来吧。'一边说，一边哭。

"如果有人看到这一幕可能会好奇，她为什么不给妈妈打真实的电话呢？这样她妈妈知道她在哭，就会回来了呀。"

企鹅老师坐在椀鸟的床边，一边诉说这个故事，一边认真观察着被子的起伏变化。

"小女孩如果知道旁人的疑问，她会将心里的答案告诉对方：'妈妈会骂我的，等事情忙完，她就会回来了，催也没有用。'

"哦，原来是这样，她怕妈妈骂她。"

出于初步的观察，企鹅老师有指向性地讲述了这么一个故事。

"小女孩心里是明白的，很多时候，她都感觉自己在海里，随着小小的海浪晃呀晃……"

如果这时候房间还有第三个人，就会发现企鹅老师的身体也随着她的话语在慢慢摇晃，节奏正好能对上椀鸟呼吸的频率。

她正在让自己变作一艘船，船上载着故事里的那位小女孩，现在，她正努力让椀鸟牵起她的手，也乘上这艘小船。

"晃一下，很放松，再晃一下，再放松一点……就这样晃啊晃啊，晃到自己最舒服、最放松的状态。"

终于，椀鸟探出了头。

就好像稚嫩的小鸟把它的脑袋探出了巢，椀鸟还是选择了面对未知。

"我不知道该怎么说。"椀鸟闭着双眼，眼睫毛湿漉漉的，轻轻摇着头。

她的动作是那么轻，像初生的、还未碰见过一滴雨的雏鸟，哪怕是最轻柔的春风也会让它吓得发抖。她是那么易碎，让人不忍触碰。

"说什么？"企鹅老师问。

"我不知道，"椀鸟依然摇着头，"我现在有点害怕，下面太高了。"

从心理咨询的角度来看，这是一个很好的信号。这代表椀鸟开始暴露一些信息，也代表企鹅老师可以开始获取一些资讯。企鹅老师心里涌起一丝关于希望的欣喜，但她仍然放缓了自己的步调，跟随椀鸟的语速和音调，继续耐心地询问道："你现在站在哪里？"

不知过了多久，椀鸟像是陷入了沉思，又像是陷入了睡眠。

慢慢地，她的声音划破凝滞的空气。

"一棵很高的树上。"

椀鸟的声音很轻，企鹅老师闭上眼，似乎也看到了这样一棵树。

"这棵树很瘦，好像是棵枯树，叶子有点黄了。"

椀鸟的眼睛突然涌出很多泪水，嘴角却有一丝得意的笑。

"这棵树就要倒下去了，我要一直站在树上等它倒下去，等它倒下去……"

她笑得更厉害了，泪水随着她颤抖的身体不断滑落，洇湿了脸颊和枕巾。

"它要倒下去了。"

泪水中，椀鸟扬起了唇角。

她的声音里有一种恨，这不是个好苗头。

企鹅老师嗅到了危险，但依然顺着对话的逻辑去发问。

"是啊，枯树很容易倒的，如果倒了，会伤到你吗？"

"会，可我不在乎。"椀鸟非常果断地答道，语气近乎冷酷。

"可是，那个四五岁的小女孩会在乎。如果小女孩在树下的话，她看到树上的椀鸟是什么样的感受呢？"

"她会难受吧。"椀鸟想了想，"可是，椀鸟没有翅膀，哪里都去不了。"

"嗯，椀鸟没有翅膀的话，哪里也不能去的。"企鹅老师点点头，又继续问道，"我很好奇，没有翅膀的小鸟是怎么上这棵树的？"

"是树要她上去的。她用脚艰难地爬上去。"

是树要她上去的。这是一句很特别的话，引起了企鹅老师的注意。

在椀鸟口中，这棵树发出了指令，而椀鸟听从了树的指令。

这棵树似乎是一个重要的代表。企鹅老师抓住了线索，切入发问："这棵树有性别的话，它是男性的树，还是女性的树？"

"男的。"椀鸟没有犹豫。

看着椀鸟毫不动摇的脸庞，一些想法在企鹅老师的心中发散——十五岁的椀鸟与一棵男性的树，这棵树会是她的父亲，还是说……

她决定顺着这条线索再往下挖。

"如果这棵树有年龄，你应该可以看到一圈圈的年轮，就像你知道的那样，一圈一圈，你试着数数树的年轮，就能知道它多少岁。"

企鹅老师用手在空中一道一道地画着圈，仿佛也正在默数。

"它多少岁呢？"

一阵短暂的沉默。片刻后，阳光再次顺着窗帘的缝隙潜入室内，这一次，它爬到了女孩的脸上，照亮了女孩苍白的面孔。

椀鸟被阳光刺得眯了眯眼睛，身体瑟缩了一下，又慢慢地放松下来。

风声一阵接着一阵，这是个静谧却不平凡的午后。

久违地沐浴在阳光下，椀鸟脸上带着笑容。

"二十圈了。"椀鸟说。

"二十圈了，"企鹅老师点点头，"二十圈的树要你上去，是什么吸引椀鸟想要上去呢？"

"它愿意听我说话。"椀鸟的声音不大，像在回忆着什么，"我发脾气也可以，我怎么样都可以，它都接受。"

"所以，你很喜欢这样一棵树。可是，这棵树枯黄了——它是一直枯黄着，还是突然的？"企鹅老师转而问。

"突然的。这棵树突然不回答椀鸟的话了。它好像生气了，气得叶子都黄掉了。"椀鸟说话的声音越来越小，到最后，只剩下喃喃低语，"我找不到它了，我就待在树上等它，等它……"

这时候，企鹅老师已经能够确定，椀鸟经历过一段青春期恋情，对方是一位二十岁的男生。

对椀鸟而言，这段感情是如此珍贵。如同在干涸的沙漠突然遇到了水源，她着急地去接近，想要享受这份爱的滋养，可一夜之间，水源消失了，内心的情感反而比之前缺失得更多。

企鹅老师知道，这段情感更像是椀鸟的一份寄托和安慰，这棵"树"也并不是真正导致她走不出阴霾的原因。她对爱的渴望太强烈，小小的失去都会让她难以承受。而要让椀鸟找回生命的力量，就要先让藏匿在冰山之下的种种缘由浮出水面。

企鹅老师听到椀鸟的声音越来越小。因为生病，椀鸟每天都需要服用很多种药物，这也导致她的身体很虚弱，清醒的时间并不多。此时，企鹅老师选择了停止催眠。毕竟，心理治疗是无法一蹴而就的，这场对话也在椀鸟的潜意识里留下了痕迹，剩下的，便是让埋在地下的种子慢慢生根、发芽，自然成长。

企鹅老师从地上起来，先是活动了一下坐得僵硬的腿脚，又把窗帘轻轻拉开，让外头等候许久的日光进入这个房间。

在阳光的照耀下，房间变得如此温暖明亮。企鹅老师俯下身，轻轻唤醒了椀鸟。

睁开眼睛的一瞬间，椀鸟眼神很亮，像灼灼燃烧的火焰。

企鹅老师温柔地看着她，感谢她的信任。椀鸟没有出声回应，只微微颔首。

一个有趣、矜持的默许。

意识到这一点，企鹅老师不由自主地笑了，为面前可爱的女孩。

"三天后，我们能再聊聊吗？"

过了一会儿，椀鸟极轻地"嗯"了一声。那声音小得几乎无法被捕捉，但落入耳中，却又令企鹅老师感觉自己确确实实接收到了这句答复。

椀鸟的信任稳稳地降落在企鹅老师的心上。

从椀鸟的房间出来时，椀鸟妈妈已经站在房门的一旁等待。

企鹅老师刚关上门，下一秒，急切的追问已经像夏季的暴雨那样拍打在她身上。

"怎么样？"椀鸟妈妈紧紧地盯着她。

确认房门已经关紧，企鹅老师转过身来，与妇人面对面。

"三天后，我会再来家访，那时候再聊聊看。"企鹅老师说。

"她愿意让你再来？"椀鸟妈妈继续问。

企鹅老师微笑着，点点头。

这时，椀鸟妈妈的眼神中交织着一种非常复杂的情绪。像是兴奋，像是感谢，却又因为一些什么原因而不得不压抑住，最后统统归作一个怪异的微笑。

企鹅老师敏锐地感知到，压抑，是她惯常处理情绪的方式。

那位一向从容示人的妇人最后克制地点了点头，说道："司机已经准备好了。"

椀鸟做了一个『梦』

三天的时间很快就过去了，但企鹅老师一点也没闲着。

她向来是闲不住的，今天她起了个大早，天气也很给面子，让她刚睁开眼，就能迎接明媚的朝阳。企鹅老师上超市挑了些菜，给自己做了一顿丰盛的早餐。虽然平时工作繁忙，但只要有时间，她都会抓住机会犒劳自己。毕竟，享受生活向来是企鹅老师的准则，那些复杂的个案咨询和个案报告可不能阻碍她品尝自己的手艺。

这天也是和椀鸟约定好第二次咨询的日子。等咨询完成后，她准备去舞厅跳个舞，就跳那首《光之舞》。最近舞厅新来了一位迷人的老师，编排的舞蹈特别受欢迎，她好几个朋友都去学过。赶上这样的好天气，她一定要在工作后好好放松一下。

抱着这样的心情，企鹅老师再次来到那幢三层的洋房。

这一次的变化有些大。

短短三日，那扇落地窗前的钢琴竟然不见了，靠近楼梯的红木沙发也都换成了浅绿色的布艺沙发，上面坐着先前一直不愿下楼的椀鸟。

企鹅老师惊喜于椀鸟的改变，还没来得及寒暄，又听见椀鸟妈妈对她说，椀鸟今天吃了风味快餐。

"是您给她点的吗？"企鹅老师问。

"不，"椀鸟妈妈摇摇头，"是她自己要点的。"

要知道，风味快餐风靡了整座城市，开了无数间连锁店，几乎没有不喜欢它的孩子。椀鸟能主动要求吃它，绝对是个好迹象。

企鹅老师向沙发上的椀鸟靠近，先和椀鸟闲聊了几句。一来二去过后，企鹅老师觉得时机差不多了，便主动问道："今天我们可以聊点什么呢？"

其实椀鸟也在等待企鹅老师的这句问话。

自从上次聊天过后，她有了更多的话想对企鹅老师说。和企鹅老师对话让她感到安全、被接纳，她也不会被评判。她已经很久没有过这种感受了。虽然她也经常和小浣熊聊天，但那多半是她说，小浣熊听。她想表达的小浣熊不一定能懂。但如果是企鹅老师——没来由的，椀鸟有种自信，她觉得企鹅老师应该能懂。

椀鸟对企鹅老师说："企鹅老师，我昨晚做了一个梦，我站在一棵树上，那棵树很高很瘦，叶子都枯黄了，风一吹就随风飘落。我不知道自己为什么站在那里，我好像在等待着什么。我觉得这棵枯树跟我是一体的，我只有站在这个地方才有安全感，旁边那些绿色的大树不一定欢迎我去到那里……"

企鹅老师对椀鸟愿意敞开心扉感到宽慰，意识到是上次的催眠起作用了，她觉得可以帮助椀鸟在梦的情境里处理这段情感。

她小心翼翼地呵护着椀鸟的这份信任："在这里跟我聊这个，你觉得安全吗？"

椀鸟听到这句话，显然愣了一下，她没有预料到企鹅老师会这样问她，因为在她的生命里这样的尊重是极少的、陌生的，所以当真正感受到这种尊重的时候她不免有些木然。

企鹅老师的语气更亲和了些："在这个环境里面，你觉得安全吗？我们可以在这里聊吗？"

椀鸟扫了一眼紧闭的门："嗯，妈妈已经出去了。"

得到允许的企鹅老师重新调整了她们在沙发上的位置，呈现了一个四十五度的坐姿，以便能够更清楚地观察到椀鸟的面部表情和肢体动作。甚至椀鸟发丝的颤动，睫毛的颤动，她都能够看得清清楚楚。

等一切准备工作做好之后，企鹅老师微笑着对椀鸟说："嗯，我非常想倾听你的这个梦。"

椀鸟看了一眼企鹅老师，若有所思，房间里安静得连窗外树叶摩挲的声音都很清晰。

企鹅老师慢慢地等着。片刻后，椀鸟轻轻地开口了："企鹅老师，其实这不是一个梦，是我在现实中经历的一件事。我当时在网上认识了一个男孩子，那个男孩子比我大几岁，我不知道他在哪个城市，也不知道他是做什么的、有没有在上学，这些我都没有问过，但是我觉得他很温柔，对我很好。我发脾气的时候，他都会包容我、倾听我。可是有一次我突然间发了很大的火，我都不记得当时是因为什么事情了，然后他就不见了，我再也找不到他。"

椀鸟皱起了眉，原本安静地搭在腿上的双手开始不停地来回揉搓，她的手几次握成拳头，指甲深深地扎进肉里。

企鹅老师看到椀鸟手掌摊开时深深的红色指甲印。可是她没有打断椀鸟的讲述，因为这是椀鸟情绪的表达和流露。

椀鸟接下来的讲述仿佛让她再次陷进彼时的焦急当中："我在他的QQ里留了很多话，在我们认识的群里不断地问，托群里的群友帮忙找，可是都没有任何消息。我还在我们之前一起玩的游戏里找他，但还是找不到。"

椀鸟的声音渐渐带上了哭腔，她的痛苦瞬间浮现在脸上，仿佛这件事情就如刚发生时一样清晰和剧烈："我用了所有的方法去找他，但是都找不到他，我把他弄丢了。"

企鹅老师听着，默默地点了点头。椀鸟缓过神来，试探性地看了企鹅老师一眼，生怕从老师那里看到不认可、不赞许的眼神。

而让椀鸟安心的是，她什么都没有看到。企鹅老师只是温柔地，眼神里含着疼惜地看着她，对她点头表示自己了解这种感受。

　　椀鸟说："我知道我做错事了，现在只能够在那棵枯树上等着他，我也不想去其他树上，我就想在那里等着他。"

　　企鹅老师说："是的，我知道。"

　　"那个时候，我很想用我的生命去证明我是爱他的，所以我才会伤害自己。我已经很后悔了，我不该那样做。"椀鸟眼里噙着泪水，但没有让它们掉下来。

　　企鹅老师把这一切看在眼里："我知道，我知道你当时的痛苦，我知道你当时的无助，我知道你当时想表达歉意的那份渴望，我明白，我知道。"企鹅老师一直重复着这样的话语。椀鸟听到这些话突然间就哭了出来，双臂环紧身前柔软的枕头，埋着头，肩膀微微颤抖，任由眼泪肆意流淌："我错了，我知道我错了。可是我不知道怎么找到他，我把他弄丢了。"

　　"啊，他消失了，都是我的错。"椀鸟突然大声号哭起来，一边尖叫一边打自己的脸，"都是我的错，是我错了，我就不应该活着，我就是一个错误。"

　　企鹅老师好像预感到了椀鸟的情绪爆发，在椀鸟开始痛哭、打自己的瞬间，非常快速地伸出了手，环抱住了椀鸟，然后没有任何其他动作，只是轻声说："是的，我知道，我知道你的感受，我看见了你的悲伤与难过。"随后便静静地等待着，让椀鸟的情绪再多流淌一会儿。

企鹅老师没有再追问椀鸟是否还要站在枯树上。她知道，枯树的这件事在椀鸟心中已经做了一个了结。如果她继续追问下去，那只是为了满足自己的好奇心和窥探欲，对椀鸟并没有好处。椀鸟能够把这件事情描述出来，她的情绪被看见了，也有支撑地被释放且得到回应了，这才是真正的完结。

同时，企鹅老师知道，早恋的背后是孩子的家庭情感需求没有被满足。这个冷冰冰、格式化的家里，发生过什么事？有什么事影响到了椀鸟的身心健康？这个家里的男人去哪里了？企鹅老师不着痕迹地看了一眼房子的四周，她知道这个疑问在将来的咨询里会有答案。

小狐狸和小松鼠的故事

企鹅老师安抚着椀鸟，帮她慢慢地从刚才的情绪里走出来。椀鸟倚着沙发靠背，沉吟片刻后，说道："我很容易生气，我觉得我太敏感了。有些时候，明明其他人都没有反应，我却会莫名觉得愤怒，很想表达出来。"

椀鸟的声音渐渐变得急切，她想控制住，却连呼吸都跟着急促起来。

最后，她忍不住把脸埋进了手掌里。

"表达了以后，我又会很后悔。"

椀鸟仿佛回到了那时的场景，发泄愤怒后，身边的人向她投来的目光有恐惧，有鄙夷，有躲避，有指责，每一道视线都像飞刀一样，瞄准了她的心脏，将她钉在原地。

"其实没必要生气的，一点点小事，把关系也弄僵了。"

椀鸟的声音越来越低，听到这儿，企鹅老师明白了，今天的椀鸟想谈谈人际关系。

　　经过上次的会面，企鹅老师对椀鸟的情况有了基本的了解。

　　椀鸟是一个习惯压抑自我的小孩，在叙述某个事件的过程时，她会主动使用隐喻，这说明她还不想直接面对具体的人与事。

　　或许，椀鸟的内心还有很强的抵制情绪；或许，椀鸟还没有积攒到足够的能量。企鹅老师尊重这一点，并决定允许、配合她的方式——

　　企鹅老师没有直接回应椀鸟的倾诉，而是选择讲述一个故事。

　　这次的故事，发生在小狐狸和小松鼠身上。

　　"从前有一只小狐狸，她很容易对朋友生气。她生气的时候会口不择言，什么话都说得出口。可生气完之后，她又会很后悔，因为她能看到对方的表情，有时是茫然的，有时是受伤的……她好愤怒，她愤怒自己为什么不能控制好情绪。"

　　企鹅老师配合着故事的情绪，语气也变得很急躁，凶巴巴地对椀鸟说起话来。

　　"有一天，她问她的好朋友小松鼠：'我总是发脾气，你会不会很讨厌我？'

　　"小松鼠愣了一下，说：'还好吧。'

"小狐狸急了，追问道：'怎么会还好呢？每次我生气的时候，都能想象到自己的脸肯定很丑，嘴巴还会翘起来，血都要冲到头顶，整个人都快疯掉了，这样还好吗？'"

企鹅老师一下模仿着小狐狸，一下又模仿起小松鼠，所以一时很暴躁，一时又很平静。椀鸟看着企鹅老师变来变去的表情，不由得笑出了声。

"可是，小松鼠笑着说：'我觉得还好啊。我一直都很羡慕你的真实。我喜欢和你做朋友，只有会生气的人才有能力去爱啊。'"

听到这儿，椀鸟愣住了，她眨眨眼，心脏像是被什么撞开了。

这是她第一次听到这样诠释生气，诠释爱。在此之前，她从未想过生气与爱竟然是连在一起的。她一直厌恶自己易怒的性格，习惯了压制情绪，她还以为自己站在了爱的对立面。

原来，她只要转个弯，就能触碰到爱吗？

原来，她本身就拥有爱的能力吗？

"什么？"企鹅老师的声音带着满满的惊讶。

"小狐狸惊呼出声，她听到了一句完全无法理解的话，低下头，默默地重复：'会生气的人才有能力去爱。'一旁的小松鼠继续点头，解释道：'对啊，你想一想，一个从来不会生气的人，也没有爱的能力。爱和愤怒本就是一体的两面，一个真正能够爱的人，也是真正能够生气的人。但这种愤怒是美的，是出于爱的。你如果没能爱上一个人，也就不会对他生气。难道你喜欢一个时刻都保持着微笑和礼貌，从来都不会生气的人吗？'"

说到这儿，企鹅老师扬起温暖的笑脸，她让自己变成了故事中的小松鼠，那么温柔，让椀鸟的心也暖乎乎的。

"小松鼠温暖地笑了起来，她对小狐狸说：'当你爱的时候，你会生气；当你爱的时候，你会承担。这说明你很真实！'"

"'我很真实。'小狐狸听到这句话后，一直在心里回味着。"

通过一个故事，企鹅老师巧妙地扭转了看待事物的角度。

小狐狸与小松鼠的故事讲完了，企鹅老师静静地看着椀鸟，面带微笑。椀鸟陷入了沉思，紧皱眉头，轻轻抿着下唇，看起来非常认真。企鹅老师知道，最近椀鸟治疗焦虑、睡眠以及抑郁的药物加起来共有七八种，能做到如此专注实属不易，她很为椀鸟感到骄傲。

椀鸟也在反复咀嚼着这句话。一方面，她的心被击中了，企鹅老师的话点醒了她，她听见了身体发出的声音，她想要去相信这份爱。另一方面，她残余的疑虑还在拖着她，不让她向前走去——她还记得那些面孔，或伤心，或受伤，或惊恐，或不安——她痛恨这些面孔，更痛恨造成这一切的自己，她深深地厌恶着这份愤怒，这是不容置疑的，她很清楚。

椀鸟抬起头，直直地看向了企鹅老师。

她想要弄清楚。

她想要获得答案，哪怕这个答案会让她受伤。

"那为什么，我会讨厌我的愤怒？"

第
六
章

那些自我厌恶

椀鸟已经很久没有想起过她了。

椀鸟记得她的声音，记得她的名字，记得她的长相，但一切都停留在很小的年纪。她偶尔会出现在椀鸟的梦里，还是小孩子的模样。睡醒后，椀鸟都会花很长很长的时间回忆这个梦。

椀鸟说不清楚这是什么感觉，可能很想忘记她，但更多的时候又只会更用力地想起她。

她是椀鸟的一个朋友。

这么说还不准确，她曾经是椀鸟最好的朋友，也是椀鸟第一个断绝联系的朋友。

椀鸟是因为她才开始接触动漫，也跟随她接触了许多新鲜的事物，找到了自己的喜好。但后来她们不欢而散。

椀鸟还记得最后一次争吵时对方的表情。这也是椀鸟对这位曾经的好朋友最深的记忆——一张充满愤怒，但也如此悲伤的脸。那个瞬间，椀鸟像被针扎伤了一样，慌不择路地逃离了现场，逃离了这场争吵。

似乎也是从那时起，她开始讨厌自己的脾气。

每一次发火，椀鸟就会在事后更深地反省。她控制不住生气的自己，也控制不住自责的情绪。就像她控制不住自己会想起对方一样——明明对方的轮廓在记忆里已经那么模糊，但还是拥有让椀鸟害怕的力量。

其实，椀鸟知道，自己更害怕的是真的再也记不清她的模样。

椀鸟已经失去了这个朋友，如果再忘记了她的容貌，那对椀鸟而言，就等于把过去的自己也丢弃了。

直到今天，她终于有勇气提出这个问题。

企鹅老师的表情还是一贯的温柔、平静，似乎能包容她的一切"罪恶"。

椀鸟的声音饱含恳求："那为什么，我会讨厌我的愤怒？"

面对椀鸟的发问，企鹅老师认同地点了点头。

这实际上是个很重要的时刻。椀鸟对事物重新产生好奇，有了疑问，这意味着她有了自己的中心，她是存在的，她准备好再次和外界产生联系了。

企鹅老师不自觉地露出一个大大的笑脸。

"你有这个疑问特别好，这说明你看见和觉察到了自己的愤怒，也愿意去了解它。那你愿意再听我讲一个故事吗？"

几秒后，椀鸟的表情也化作一个淡淡的笑脸。她轻轻地点了点头，凝视着企鹅老师。

"故事是这样的……"

企鹅老师用轻柔和缓的声音讲述起第二个故事。

"森林里有一个老虎爸爸，有一天，他带着小老虎女儿去逛游乐园，他们在中途停下，想好好大吃一顿。然而，老虎爸爸接到了一个重要的电话，公司里有很紧急的事务要他处理。

"他们走到一个热狗摊，小老虎女儿说：'爸爸，我想……'

"老虎爸爸打断她的话，塞给她一根热狗。

"他们经过一个冰激凌摊，小老虎女儿又说：'爸爸，我想……'

"老虎爸爸再一次打断她的话：'我知道，你想吃冰激凌。'

"'不是的，爸爸。'小老虎女儿摇摇头，表情痛苦地说，'爸爸，我想吐。'"

企鹅老师观察着椀鸟的表情，椀鸟也认真地看着她。

"故事中的小老虎女儿一开始就想表达自己的想法，可她爸爸没有允许她说出下半句话，甚至还误解了她。久而久之，她习惯压抑自己，变得不敢表达，怕说出真实的想法会遭到对方的指责或批评。哪怕那个想法本身没有错，但也没有人会耐心去听。"

这也是企鹅老师在对桄鸟的家庭情况有一定了解后创作的故事。企鹅老师从小浣熊的口中得知，桄鸟那些名贵的cosplay服饰都是由她爸爸购买的，桄鸟爸爸习惯给予桄鸟丰厚的物质条件，却不曾真正洞察桄鸟的内心需求。这，便是桄鸟压抑自己情绪的原因。

而桄鸟的反应让企鹅老师确定，她的方向是正确的。

泪水在桄鸟的双眼中闪烁着，好像下一秒就要从眼眶中滑落。

"老师，我怎么觉得你见过我和爸爸的相处模式？"

那一瞬间，桄鸟的脑海中好像闪过了许多画面。那是和爸爸相处的每一幕，是的，只要她开口，爸爸什么东西都愿意买给她。她索求的东西价格越来越高，爸爸也从不会拒绝。唯独她想认真说点什么的时候，爸爸就会背过身去。

"爸爸就是这样的，我的话还没说完他就会打断我。"

客厅的光线衬得桄鸟湿润的眼睛愈发明亮。她急切地诉说着，语速越来越快，仿佛如果不抓紧这一刻的时机，她就没有勇气再说了。

"爸爸总会这么说：'好了，我知道了，你不用再说了。你想要的是这个，我给你就是了。我都已经给你了，你怎么还这副表情？'"

桄鸟有时候觉得自己真的只是爸爸养的一只小鸟，不然为什么他连她的一句话都不愿意听呢？

"他总是自说自话，自以为理解我的意思。我慢慢就不想和他说话了，他就说我'使小性子，闹脾气，被惯坏了'。"桅鸟紧紧闭着眼，使劲儿摇着头，"我有时候真的不知道要怎么和他沟通，所以干脆不说话，他就说我给他脸色看。"

"对，我知道这样不对，我不可以这样对爸爸。"

桅鸟的声音渐渐颤抖起来，其实这样评价她的不只是爸爸，她听过别人在背后怎么说她，而且不止一次。很多人讨厌她，很多很多人讨厌她。

"每当他这么说，我好像就能看到这样的自己，就好像我站在楼上，看着面无表情的桅鸟——那么目中无人，不识好歹——我也不喜欢这样的自己。"

"那现在呢？"

企鹅老师平静的声音将桅鸟慢慢地拉回了现实。注意到桅鸟的思绪已经回到了当下，企鹅老师微笑着问道："你从这两个故事里获得了什么信息？"

桅鸟放松身体，深深地吸了一口气，随即又慢慢吐出。一种平静的心绪包裹着她，那些恐惧和自卑已经不见了。

她耸耸肩："我觉得我只是在很真实地表达我的内心想法。"

坐在她身旁的企鹅老师点点头，再次露出那种认同的微笑："是啊，就算你真的很生气，也只是因为你爱爸爸，是吗？"

对于这句话，椀鸟艰难地点了点头。

她的脑袋好像一下子有千斤重。承认在此刻变得如此之难，但她还是点了点头。

"是吧。"眼泪不断溢出椀鸟的眼眶，划过了她的脸颊。

她的声音变得尖锐，整个人像是承受了万分的痛苦，肩膀瑟缩着，在不停地颤抖。

"可是，我也很讨厌他。"椀鸟痛苦地嘶吼起来，弓起身，把脸埋进了双腿间，"天啊，我怎么能讨厌自己的爸爸？"

这是椀鸟第一次谈到父亲，谈到对自己的厌恶情绪。

父亲对椀鸟的不理解，逐渐在双方之间建起了深深的壁垒。

一开始，双方或许只是说不上话。后来，越攒越多的失望和逃避渐渐地让父女情感的通道也有了淤积，无法疏通。这对一个孩子来说是致命的伤害。她习惯了不被最应理解她的人理解，于是她讨厌解释，讨厌等待，她学会了要率先反击，因为这才能让她受到的伤害降至最低。

她学会了愤怒，学会了攻击，学会了伪装成自己不在乎是否被理解的样子。

但她仍然在受伤，因为她的心还如此稚嫩。

身体的感知远比头脑更清晰，这是父亲的错，她恨他。

然而，这更加是自己的错，她更恨自己。

从心理学的角度，企鹅老师很清楚，孩子对父母都有着天然的爱与忠诚。这份爱与忠诚让孩子天生无法违抗他们的父母。

这份对父亲的讨厌与恨意，在椀鸟眼中是一种背叛，也是令她痛苦的根源。

"爸爸眼中的椀鸟"——这个形象深深地刻在了椀鸟心里，这位十五岁的女孩渐渐被一个念头禁锢了：或许，爸爸口中那个蛮不讲理、任性妄为、惹人嫌的女孩才是真实的她。连她都不喜欢自己，谁会喜欢这样的她？

就这样，慢慢地，椀鸟对自己生出了恨。

"我们和父母的关系是一门学问。"企鹅老师伸出手，轻轻地抚摸着椀鸟的后背，"不用担心，我们会有机会去改善的。"

在企鹅老师的安抚下，椀鸟终于抬起了头。

她的脸蛋被自己的泪水画出斑驳的痕迹，然而，她的眼神又是这么明亮。

她感受到了，自己的内心终于不再全然是黑暗。企鹅老师为她拉开了厚重的窗帘，让阳光照了进来。尽管她还没有勇气走出去，但她知道，外面的世界是光明灿烂的。

或许有一天，她会主动打开门，出去看一看。

椀鸟又想起了那位不再联系的朋友。如果有一天和她在街上相遇，椀鸟想，自己应该有勇气上前与她搭话了。

可能是道歉，可能是尴尬的寒暄，但只要能够好好表达自己的想法，就很好。

椀鸟擦干脸上的泪水，看向企鹅老师，语气坚定地说："老师，如果我以后有了孩子，我一定会教他们更多的表达方式，让他们表达出自己内心的一切。我觉得，如果我的父母这样做的话，我会心存感激，因为我的内心不会有太多冲突，我会感觉我是完整的，不再支离破碎，不再困惑，我会知道自己想要什么。"

听到这番话，企鹅老师的心仿佛一下子被打开了，她感到无比动容。

这位曾经试图放弃自己生命的女孩想到了未来，想到了她或许会有的孩子，这是多么美好的一件事。

她用自己的力量把内心世界打开了一点。这是作为心理咨询师所能想象到的最好的场景。

"是啊，是这样的。你真的特别有灵性，又有很强的共情能力。"

企鹅老师往前坐了坐，让身体与椀鸟靠得更近一些。

"有时候，我们与父母沟通时会习惯性地压抑自己的真实感受和情绪，因为大部分人觉得将其发泄出来是软弱无用的表现。可能你的爷爷奶奶或外公外婆，因为生存与竞争的压力，让你的父母学会压抑自我，而你的父母又将这种习惯传递给你。这是一个恶性循环，必须有人脱离出来。"

企鹅老师看着椀鸟认真的脸庞，不禁微笑起来。

"同时，不要责怪你的父母，因为他们已经竭尽全力，尽管没有做得更好。而现在你有了这种意识，你不会对你的孩子做同样的事情，已经是一种进步了。"

在这里，企鹅老师有意地维护了椀鸟父母的形象，这也与前面提到的"爱与忠诚"有关。她知道椀鸟今天把这些话说出口，并且承认自己对父亲的负面情绪，是花了极大的勇气去对抗那份背叛感的。

而像这样，站在旁观者的角度去维护椀鸟父母，则能在很大程度上缓解椀鸟内心的自责感。

果然，在企鹅老师说完这段话后，椀鸟原本绷紧的背部放松下来，脸上的神情也和缓了。

孩子就是这样敏感、善良、纯真的生物，需要用爱浇灌和滋养。哪怕产生一丁点儿伤害父母的念头，都会反噬他们的内心。

"我们今天就到这里。下次你想什么时候见面，在哪里见面？"

这次企鹅老师把主动权让给了椀鸟，她想让椀鸟自己选择时间地点。如果椀鸟能尝试着出门，在外面做一次咨询，就是很大的进步了。

企鹅老师的眼睛里闪烁着期待的光芒。椀鸟原本有些迟疑，看到老师的眼神后，又慢慢变得坚定。

她已经很久没在别人的脸上看到期待的目光了。

也不能这么说，很多人都对她有所期待。比如爸爸总是希望她听话，希望她漂漂亮亮的，带出去能让他有面子。又比如妈妈，她知道妈妈希望自己好起来，每天哄她吃药的眼神都充满了迫切，甚至还有祈求。每次被这种眼神凝视，椀鸟都觉得自己被刺伤了。这份期待太重了，她再也不敢与妈妈对视，只能趁妈妈不注意的时候偷偷看她几眼。

可是，企鹅老师的期待是不同的。

那不仅是"我希望你能做到"，更是"我相信你能做到"。椀鸟第一次从这份期待中汲取了力量，忽然很想动一动身体。

她抬起手，慢慢摊开手掌，又慢慢握成拳头。

她没有回答企鹅老师的问题，企鹅老师也不着急，只是默默地看着她。

她知道，企鹅老师明白她在做什么。

卧床太久，她还没什么力气，但控制自己的手指绰绰有余。她看见自己的手指像有生命一般飞舞着，追逐着，一会儿像蝴蝶，一会儿像白鸽，一会儿又变成夜里盛放的昙花。它们在恣意地跳啊，舞啊，她从来不知道，原来生命很大，也很小。她曾经用这双手伤害过自己，曾经用这双手一粒一粒数着给她治病的药物，那时，她的心里只有烦忧和苦痛。她也曾经用这双手弹过琴，向数不清的人表演数不清的乐曲，那时，她觉得自己是小丑，钢琴是她滑稽的高跷……而此刻，她正在用这双手跳着舞，跳着或许不那么好看，却充满活力、充满希望的指上之舞。这一刻的她没有为人的苦闷，也没有必须遮掩、必须装扮的无奈。

她只需要将双手摊开，握紧。攥成坚硬的拳头，便能拥有无限的勇气；舒展柔软的手指，便能拥有轻抚他人、轻抚自己的能力。

是啊，她从来不知道，原来生命很大，也很小。原来生命在一呼一吸之间，在放开与握紧之间。

但现在她知道了，自己拥有这么强大的力量。

落日西斜，她们身后的落地窗外，正映出绚烂的云彩，它们在微风的吹拂下翻滚着，打起卷来。

椀鸟的视线不自觉地被这景色吸引住了，这还是她第一次这么认真地坐在这张沙发上，欣赏外面的天空。原来是这样好看。

她抬起头，看见企鹅老师也望向了窗外，表情恬静。

椀鸟忽然回答了先前的问题："下周一吧，我妈妈说周末朋友们要来，周一再和老师见面，可以吗？"

"好，"企鹅老师收回视线，看向椀鸟，微笑着点头，"那我过来这边，还是去别的地方？"

"我暂时还是想在家里。"

企鹅老师注意到了这句话里"暂时"这个词，她知道，这是椀鸟在做出改变。女孩的心，在悄然发生变化。

"好的，可以的，"企鹅老师颔首，"那我下周一再来家里和你见面。"

不巧的是，下周一如期到来时，她们的会面却只能推迟了。

企鹅老师收到了椀鸟发来的信息。原来，周末的时候，椀鸟约上了两个朋友，去家附近的公园拍照。后来她们在外面的餐馆吃了点东西，把肚子吃坏了，回来后就生病发烧了。

随信息附赠的，还有一张天空的照片，大概是椀鸟那天在公园里拍的，她把它发给了企鹅老师。

收到信息后，企鹅老师也认认真真地回复了椀鸟，表达了对于会面需要延期的理解，以及对于收到这张照片的感谢。

其实企鹅老师很是惊喜。椀鸟切实地在改变：她开始外出，开始约朋友见面。或许下一次，她们就能约在外面做咨询了。

也因为这个临时的调整，企鹅老师在舞厅给自己报了一个舞蹈集训班，和那位很有魅力的老师好好学习了几天，完美地掌握了《光之舞》。

练习的时候，她也拍了一些照片：有些是其他练舞的小伙伴，有些是老师的舞蹈表演，有些是舞室的全景。她已经准备好了，等下次见面，就能将这些照片分享给椀鸟看。

一周的时间悄然过去。企鹅老师和椀鸟的会面时间顺延了一周，于是她们已经一周多没见过面了。

经过前两次咨询，企鹅老师发现椀鸟有个特点：她不喜欢接着聊上次讨论的内容，而是会另外开启一个新话题。这次时隔一周多，椀鸟会想聊些什么呢？企鹅老师的思绪也不自觉开始飘远。

时间过得太快，自从大学毕业，企鹅老师从事心理咨询已经好些年了。最开始做心理咨询师时，企鹅老师会提前做好很多功课和准备工作，甚至预想接下来她要用到的心理咨询技术或工具是什么。可这么多年的实践也向她证明，预想是没有必要的。

在咨询治疗里，主体应该是当事人。

以当事人为主，尊重对方当下的需要，这才是心理咨询师应该持有的态度。这也是企鹅老师现在的职业理念。

所以——她又想到刚刚的问题，椀鸟这次会和她聊些什么呢？——不知道，也不需要知道，只需要进入心理咨询师的角色，开始这次会谈，剩下的，就由椀鸟告诉她，该怎么去做。

椀鸟妈妈在待人接物上一向做得极其细致，每一次都会让家里的司机帮忙接送。

这次也是同样，坐在小轿车里，企鹅老师的眼前闪过了许许多多的画面。

随着车窗外的景色不断向后掠去，一张张或熟悉，或久违，或遗忘的脸，游走过漫长的时间，匆匆浮起，又记不真切。

作为心理咨询师，企鹅老师知道自己还有很长的路要走。她从不后悔走上这条路，每次看到当事人身上的改变，她都能想起自己的初心。

今时今日回首往昔，她深感怀念。

可能日后回望今天，她又有另一番感触。

那些走过的道路一定也如自己的成长过程一般，时而曲折，时而笔直吧。

"老师，到了。"

司机的声音让企鹅老师从回忆中抽离出来。

企鹅老师下意识抬头，那棵熟悉的榕树下，正站着一位妇人。相同的微笑，相同的站姿，相同的得体打扮，让人挑不出一丝毛病。企鹅老师拿好手提袋下车，椀鸟妈妈正好走向前，微微颔首。

尽管一切似乎都和先前的经历如出一辙，企鹅老师却敏锐地捕捉到了微妙的差别。

她眨眨眼，不动声色地观察了一下面前的妇人。

眼神，是眼神。

椀鸟妈妈的眼睛里有着异样的神采，哪怕被竭力克制，也藏不住那一抹亮光。

"老师，她在里面等你了。"椀鸟妈妈勾起唇角，声音也带着笑意。

这是企鹅老师第一次看到椀鸟妈妈这般身心一致的微笑，看来，椀鸟的外出对椀鸟妈妈而言也同样令人振奋。

今天的谈话和以往都不一样。

这一次，企鹅老师刚坐下，椀鸟的提问就像炮弹一样袭来了。

"老师，我很害怕和人接触。"椀鸟语速飞快，急切地问道，"我到底适不适合和人打交道，你给我个答案吧。"

企鹅老师眨眨眼，消化了一下刚才的问题，缓缓开口："与人交往或者避免与人交往，只是个人的选择，这与是否合适无关。"

听到这个回答，椀鸟惊讶地张了张嘴，半天都没能继续说话。

她的脑子有点不够用了。

"我不明白，"她摇摇头，"什么是我的选择？"

企鹅老师笑着说："就是……你自己是什么想法呢？你想和人打交道，或是不想和人打交道，决定权都在你，我无法给你答案——我没有权力决定你的行为，我不是你。"

企鹅老师的话音刚落，桅鸟原本挺直的背脊瞬间塌了下去，大大的眼睛里既激动，又彷徨。

桅鸟好像被抽掉了主心骨，她搞不清楚这个世界的运行法则了。老师说的和她以前认知的完全不同。

一直以来，都是爸爸妈妈告诉她该做什么样的人。她钢琴比赛拿奖了，父母会告诉她，她是一个在音乐上有天赋的人；她数学不太好，父母会跟她说，怎么没有遗传爸爸妈妈的数学天赋；她玩cosplay，父母总说她穿上这个衣服就像谁。

爸爸妈妈定义了她是一个什么样的人。

现在，老师要她进行自主思考。她突然拥有了自己的选择权和决定权。隐约间，她感觉有另一个人要穿上她的衣服成为她，她的衣服要被夺走了——而十二点的钟声响起，企鹅老师敲醒了她。她要醒来，她要夺回这件衣服。

桅鸟懵懂地望向企鹅老师，一时间不知该如何反应。她咬着唇，脸上带着迷茫与无措。企鹅老师却只是平静地看着她，轻轻点头，仿佛在说，"你可以的"。

过往的无数画面钻进了桅鸟的脑海里，让她头痛欲裂。那都是她曾经听说过的"要"和"不要"，是她曾经穿上过的"别人的衣服"。

她的身体好像从中间劈开了，从这条裂缝中，新的她挣脱出来。小学的科学课上，她观察过蝉是如何脱壳的。那时她站在榕树下，仰头站了好久好久。那只蝉就这样脱掉它褐色的"旧衫"，露出翠绿色的身体，接着飞远了。

是的，现在她要成为那只蝉，她要挣脱那些不属于她的衣服，露出崭新、初生、未被污染的自我。

"老师，我不想和人打交道，至少现在不想，可以吗？"椀鸟突然脱口而出。

这句话好像没在她脑子里逗留过，而是直接从她心中飞出来的。像那只蝉。

最后的那声疑问，带着浓浓的渴求。表面上，似乎问的是企鹅老师；实际上，问的是谁呢？答案真的还重要吗？

椀鸟觉得自己的心一下子被撞开了，心里那道一直束缚着自己的枷锁也被撬开了，泪水就这么涌出眼眶，一刻不停。

她痛哭出声，往日的记忆不断往脑海里冲。

"从小时候起，我就要成为那个最优秀的孩子。我只能成为最优秀的孩子。我要有礼貌，要懂事，要乖巧。我要好好学钢琴，因为我有天赋，我必须学会它。我要成为他们可以拿来炫耀的小孩，因为我是他们的女儿。"

椀鸟想起了父母带她参加过的那些聚会，无聊的大人们聚在一起，调皮的小朋友跑来跑去，而她是唯一的一个例

外。因为她是乖孩子，她不能像别的不懂事的孩子那样疯玩，她要坐在原位，坐在爸爸妈妈的身旁，接受别的叔叔阿姨的夸赞，保持微笑，不抱怨，不说话。

她要记住每一位叔叔阿姨的名字，在见到他们以后就第一时间礼貌得体地问好。这样的话，叔叔阿姨会很开心，爸爸妈妈脸上会有光彩，她又会收获很多夸奖，说她是个好孩子。

成为大人都夸奖的好孩子，似乎就等于要被每一个孩子讨厌。

是的，她也讨厌这样的自己，她只想成为一个"坏孩子"。

"我其实不想当好孩子。"

椀鸟伏下身，肩膀因为哭泣而持续颤抖。她不断地摇着头，像是在躲避着什么。

"我讨厌当好孩子，我讨厌被拿来炫耀，我只想当一个普普通通的小孩，可以在聚会的时候跑来跑去，可以自在地说话，可以忘记这个叔叔叫什么名字，那个阿姨叫什么名字……"

椀鸟不断抽泣。

"我很羡慕他们。后来爸爸升职了，他就跟我说，做他的女儿该有多么的骄傲。"

椀鸟用手捂着双眼，身体簌簌地发抖。

"不是的，不是这样的。我没有感受到一丁点儿骄傲。

我不喜欢他颐指气使地命令我，好像我是他的下属。可是，我又觉得自己好坏啊，我怎么能不喜欢爸爸呢？"

椀鸟猛地放下手，哭得通红的双眼瞪得大大的。她绝望地看着企鹅老师，眼神中带着哀伤与痛苦。孩子对父母的爱与忠诚是永恒的，而此时此刻，它正在折磨着椀鸟。

椀鸟整个人都陷入了回忆中，呼吸也逐渐变得急促。

"我有时候不想和爸爸说话，他就会很生气。我爸爸其实很爱说脏话，他会一直说，一直说……我最讨厌听他说这些，每次他说脏话的时候，我都恨不得把自己变成一个聋子，这样就听不见了……"

椀鸟疯狂地摇着头，痛苦地蜷缩起身体。

"天啊，我怎么能说自己爸爸的坏话呢？"

她的手开始无意识地掐自己的大腿，一下接一下，掐出了青紫的痕迹，覆盖在先前的伤痕上。那种对父亲的背叛感重新涌来，一刻不停地折磨着她。

她知道自己不能这么做。她不能讨厌爸爸，她不应该讨厌爸爸。她不能说爸爸的坏话，更不能在别人面前贬低自己的爸爸。

她的心已经认定这样做是错误的。于是她被夹在说与不说，倾诉与不倾诉，发泄与不发泄之间，反复受刑。

但她还是说出了口。

企鹅老师看着椀鸟的行为，作为心理咨询师，她很清楚，椀鸟的举动来源于内心深处的焦虑与紧张。企鹅老师没有选择直接阻止椀鸟伤害自己的行为，反而开始轻轻说着话，同时慢慢向前，握住椀鸟的手。

尽管企鹅老师把动作放得极其轻缓，两人身体触碰的瞬间，椀鸟还是被吓得瑟缩了一下。

企鹅老师没有再动，她等待了几秒，留给椀鸟适应的时间。过了一会儿，看到椀鸟的表情松弛了一些后，她再次将温暖的掌心覆在椀鸟的手背之上。

"我知道，我知道，我知道这样做会很难受……"

企鹅老师按着心里的节奏轻拍椀鸟的手背，一下，两下。

她把声音放得很轻，温柔的，舒缓的，轻盈的，像在吟唱一首让人好眠的摇篮曲。

"是的，我知道。"

企鹅老师缓缓地说。

"可以的，可以的……"

听到老师的安抚，椀鸟哭得更大声了。

她不知道怎么去形容此时的心情。她什么都说不上来，两只眼睛成了泄洪的闸口，眼泪不停地往下掉。

泪水淌满了椀鸟的脸，她想控制住自己的失态，泪意却更加汹涌。

原来是这样。泪眼蒙眬间，她好像突然懂了。

她压制自己太久了，从小连哭都是被爸爸妈妈安排的，她早已丢掉了自己的"衣服"。可是，就在今天，她十五年的人生里久违地再次触摸到这件"衣服"——她从呱呱坠地的那刻起就拥有，却在后面的生活中不断被撕扯下的那件"衣服"。

现在的椀鸟，不再由她父母掌控，她在用自己的方式宣告主权——从今天起，从这一分这一秒起，往后的人生，自己绝对不会再重蹈覆辙，丢掉属于自己的"衣服"。

椀鸟哭到咳嗽不止，伏下身去干呕。她用尽全身力气哭泣着，宣泄着，可是，在力量的流失中，她又感受到身体注入了一股能量。

是新的觉醒，新的觉知，从指尖流进她的血液里。

她不再畏惧了，她能够说"不"，也愿意说"不"了。

她记起了以前参加过的那些所谓的高端聚会，想起那时爸爸妈妈的脸，大人们的脸，还有她自己的脸。

它们是彩绘的琉璃窗，很漂亮，很梦幻，但也很虚假。椀鸟伸出手，握紧拳，使出了最大的力气，还没真正碰上，出拳时带起的风竟然已经将它们刮碎，碎片散落一地。

她在恍惚间望向地面，视野中的碎片时有时无，看不清，捉不住。

她又抬起头，正好看见了企鹅老师微笑的脸，那般沉静。

企鹅老师在一旁静静地陪伴着，没有阻止椀鸟歇斯底里的痛哭。她同之前一样伸出手，轻抚椀鸟的背脊。

"可以的，孩子，可以的……"

这样痛哭一场后，椀鸟彻底花光了所有的力气，企鹅老师陪她回了房间。等爬上二楼，椀鸟已经非常疲倦，只能慢慢地躺回床上。

椀鸟感觉每一根指头，每一条头发丝儿好像都不属于自己了。她的整个身体都陷进了柔软的床垫里，连眼皮都要撑不开了，下一秒就能沉沉睡去。

谈话到此结束。企鹅老师给椀鸟掖好被子，轻轻退出了房间。

椀鸟妈妈站在房门外，她的眼眶发红，隐约有些湿润。但看见企鹅老师的瞬间，她又将泪意收了回去，恢复成先前的模样。压抑，似乎也是她的习惯。

企鹅老师观察着这一切，椀鸟妈妈一定也听到了女儿哭泣的声音。对椀鸟而言，能大哭一场未尝不是一件好事。

椀鸟妈妈像以前一样把企鹅老师送出大门，司机正在门外默默等候着。

企鹅老师道别后，正想打开车门，却没想被妇人拦住了脚步。

"老师。"椀鸟妈妈喊住了她。

企鹅老师回过头，发现椀鸟妈妈站在近处，与她不过一米之隔，正直直地看着她。

"有什么事吗？"企鹅老师问。

出乎意料地，椀鸟妈妈踌躇了一会儿，这与她雷厉风行的作风可谓截然不同。

椀鸟妈妈受过的礼仪教育也不允许她无礼地留下别人太久，她顿了顿，便开了口："老师，我们之后能找个时间私下聊一聊吗？"

　　这个询问完全在企鹅老师的意料之外。诚然，她也认为椀鸟的问题不仅属于个人，有必要以家庭为切入点，进行一次家庭咨询。她本来想在与椀鸟的关系稳定后，再与椀鸟妈妈谈谈，没想到对方先主动提出想要进行一次针对自己的咨询。

　　大概是看出了企鹅老师脸上的疑惑，椀鸟妈妈进而解释道："我不知道该怎么和孩子对话。如果把这点弄清楚了，椀鸟应该会好得更快。"

　　"好的。"企鹅老师点点头，答应了这场会面。

　　椀鸟妈妈所言确实也是她内心所想，如果心理咨询师和家庭成员能够共同努力，孩子的状态一定能更快得到改善。

　　然而，这时企鹅老师还不知道，真正的谜团尚未被揭晓，能解开椀鸟心结的这枚钥匙，远在天边，近在眼前，亟待她去发现。

第八章 林鹚女士的初次咨询

"我是林鹚。我不喜欢别人叫我椀鸟妈妈，你就叫我林鹚女士好了。"

端坐在企鹅老师的咨询室里，林鹚女士浅浅地笑了笑。

"其实我也不喜欢林鹚这个身份，但如果没有它，我就没有名字了。"

林鹚女士出生在南方，一个据说很美很温暖的城市。

很多人写过诗夸赞她故乡的美丽与神秘。她看过，甚至能一一背出来，哪怕她并不认可那些诗歌里的描述。背诵对她而言从来都不是挑战，她读过，便记得，像呼吸一样简单。

人们回忆故乡，歌颂的或许都是不舍与依恋。

而她从小到大，满脑子想的只有逃。

她要逃，逃出家，逃出城市，逃出故乡。

哪里都好，只要不是这儿。

"从小我就有很强的数学天赋。从某种意义上来说，我身上有很多光环和标签。椀鸟其实很像我，但又不够像我。"

回忆着故乡与往事时，林鹗女士的脸上没有一丝表情。

与其说是怀念，林鹗女士更像是在陈述。

从小学起，她就参加了无数的数学竞赛，获得的奖项一个接着一个。那些别人要花一整天才能算明白的公式，她看一眼就知道怎么用。而那些别人要花一整个学期才能学会的重点内容，她自学就能掌握。她的名字常年在年级的光荣榜上，每一任数学老师都把她捧在手里。"别人家的小孩"这个形容词的的确确属于她。

她也没给这个词蒙羞。后来，她成功考上了最顶尖的学府，攻读研究生。但读研期间的某一天，她却突然不想再学数学了。

"我在图书馆看到了一本书，很厚，非常厚。"

她伸出手，用食指和大拇指比画了一下，勾勒出那本书的轮廓。

林鹗女士的目光落在了自己的手上，一边说，一边凝视着手里那本看不见、摸不着的旧物。

"那是一本医学院的专业书。当时我就决定了，我要学医。后来我拿了医学博士学位，还拿了一个法学博士学位。"

"我喜欢挑战那些很难的学科，别人说难，我就要攻克。"

唯有在这些繁杂枯燥的书本里，她才能寻找到真正的自由。所以她不断向前，不曾停歇，人们的赞誉落在她身上仿若无形，她要的不是这个。

她追求的，是她沉浸的时光。埋首在知识里，是她仅有的能够掌控的权力。

林鹬女士的脸上有怀念，有向往，以及一抹傲然。

叙述这些往事时，林鹬女士的身上反常地有了一种生命的活力。

这很不寻常，因为通常她身上只有束缚和克制，没有放纵和肆意。

企鹅老师想，能尽情攀登与征服学术的高峰，这一定是林鹬女士人生中非常珍贵的时光。

"我工作后就没什么挑战了。"

林鹬女士叹了一口气，淡淡地勾了勾唇角。这笑容却把她和先前的状态分隔开来。她身上的活力不见了，克制与约束重新占领高地。

"我父母的资源太好了。我必须回到我父母身边。"

她望向咨询室的窗外，睫毛轻轻地颤抖着，先前脸上那种怀念与向往的表情消失得无影无踪，像一阵新雪，短暂地降落，又悄悄融化掉了。

而她的声音像一阵叹息，不可挽回，不可追忆。

"我真不想回来啊。"

她母家的背景很好，这也是她妈妈最引以为傲的资本。

这座城市深处有一条大街，以她外婆的名字命名。据说外婆当年做了很多伟大的事，足够把她的名字载入城市的纪年史，也足够让她为家族的后人留下无上的荣誉和丰厚的财产。

小时候，妈妈总让她看外婆在历史书上的那一页。吃饭的时候，睡觉的时候，挨训的时候，都无一例外。直到现在，她还能一字不漏地背出来，她忘不掉。有一回她做梦，历史的卷子出了外婆这道题，她坐在考场上，盯着外婆的名字，盯了好久好久。巡堂的老师问她为什么不动笔，她只是继续盯着题目，不作声，不回答。

她不想答，哪怕能拿满分，她也不想答。

其实她觉得历史书上外婆的照片不好看，没来由地觉得。

她没见过外婆，外婆很早就去世了。但她每一次都会匆匆翻过书上外婆的那一页，当作不认识，心里也希望不认识。

"我妈妈没怎么上过学，也没有太多文化，毕竟家里有钱，也不会短她吃穿。"

林鸮女士夸张地笑了笑。

"她给我讲过一个故事——她总爱说这些故事——说她老家放满了金条、银币、银票，多到没空去理，等想起来的时候翻出来，银票居然都被虫子啃坏了。"

她看向企鹅老师，脸上浮现出一层讽刺的表情。

"她总说，她是在千娇万宠的环境中长大的，没受过什么苦。吃的最大的苦就是嫁给了我爸爸，然后一辈子苦，一辈子哭。"

她爸爸的故事也很有意思。

有时候，她觉得父母两人南辕北辙；有时候，她又觉得他们两人简直是世间罕见的绝配。

她爸爸家里可以说是一穷二白，他连学都上不起，冬天只能吹着寒风躲在教室外面偷听。

和妈妈不同，爸爸极少说起自己的旧事，或许是喝了点酒，或许是终于忍不住，她还记得那天，天气不错，星星很少，月亮很亮，爸爸和她坐在阳台上，抽起了一根卷纸烟。

妈妈竟然也没来打扰他们，一切刚刚好。

这样刚刚好的时刻，在林鸦的生命里少得可怜。

爸爸说起自己蹲在墙角，偷偷记笔记的故事。有的老师心地好，知道他家没钱，睁一只眼闭一只眼地让他听课。而有的老师凶得要命，每次见到他都会拎着扫帚作势要打他。有一次，他接连几天被抓包，那老师气得直接冲出课室，把他追到了河边，他跑了好久才甩掉了那个老师。

那时候，他沿着河岸往回走。这条路他走过无数次，这次却碰到了一些稀奇的东西。他看见路边的草丛里长出了一朵花。

林鸮还记得爸爸说话时的神情，好像那不是一朵花，而是什么宝石。

"我从来没见过这么漂亮的花，重瓣的，花瓣晶莹得像透明的一样，仿佛风一吹就会碎。"

爸爸看着月亮，叹了一口气。

"我找了很久，但只有一朵，它顶着杂草冒出头来。应该是鸟从别的地方衔了种子，正巧落在这里。"

"你把它带回家了吗？"林鸮问。

"没有，当然没有。"爸爸笑了笑，"把它带回家，它就死了。"

"我后来每天都会跑去看它。"爸爸说。

这是她第一次听爸爸说起一朵花，也是唯一一次。她永远忘不掉爸爸脸上的表情以及他的每个动作。当时的她并不知道，这一次谈话，竟然成为父亲在她心里，于那些黑白、模糊、散落四地的回忆中唯一鲜活的影像。

"我爸就这么没日没夜地学，后来，他爸妈努力赚够了钱，终于把他送进学校里。他依旧拼命地学习，学成后进了单位，结识了我妈妈，做了乘龙快婿。

"我妈妈话里话外看不起我爸爸，可骨子里却是看不起自己。她长得一般，没什么过人之处，和我爸没什么共同语言，怎么会和我爸结婚，其实她自己很清楚。"

回忆父亲那一段往事的时候，林鸮女士的脸上难得流露出一丝温柔，但一眨眼就不见了。她很快又恢复到原有的状态，冷淡得宛如一个局外人。

凭借外公外婆的身份，她妈妈在这段婚姻里看似占尽上风。外人可能也都这么觉得：一位娇生惯养的大小姐，不愁吃穿，对着自己的先生呼来喝去，多么快活。

他们看不见她内心的空虚，我看见了。谁让她是我妈妈？谁让我是她生下来的呢？

她戴再多的首饰，买再多的东西，听到再多的赞赏，其实都是虚无的。她没有安全感，毕竟她的优越感都来自她父母，和她本人没有一丁点儿关系。就像没有根基的空中楼阁，一碰就塌了。

"我的出生算是一个变数。"林鸫女士笑了笑，"因为她终于拿到了一个筹码，一个工具，一个只属于她的东西——她的女儿。"

"我妈把我当作向我爸爸证明自己的工具。那天椀鸟和我说，她觉得自己是个工具人。"

林鸫女士直直地看着企鹅老师。

"我当时真想告诉她，我从小就是工具人。"

在所有的工具里面，她应该算得上称手。

她爸爸是寒门学子，家境不好，但胜在脑袋好使。

她也不例外。她一岁就学会说话，三四岁可以一个人读懂故事书，五六岁开始写诗，八九岁已经抱着四大名著读了一遍。

林鸫长得漂亮，又不仅是漂亮。成长的每一个环节，她都领先于同龄人，或许是遗传了那位优秀、高智商的爸爸。

"直到今天我依然有过目不忘的本事。"

讲述自己的时候，林鸦女士的表情显得更加漠然。

"我在数学上的天赋更加超乎常人。三岁半时，我就掌握了基本的加减法。我妈妈说，每次有客人来考我，我都能快速说出正确答案。"

这个故事她听了无数遍，和外婆的故事一样，被烙在她的基因里。

她甚至不确定这个故事是真的，还是她妈妈的吹嘘。妈妈翻来覆去地讲，不厌其烦地讲，无论是林鸦得过的奖，还是自己的荣誉。

林鸦很早就知道了，她是妈妈的工具，最称手的工具。妈妈把她生下来，从第一天起就在打磨她。她很优秀，也只能优秀，因为不好用的工具没有存在的意义。

妈妈就喜欢说这些，无论是逛街的时候，还是聚会的时候。她喜欢别人羡慕她的样子。

"我是她的'食物'，她享用着这份虚荣。"

林鸦女士这么说道。

"她最喜欢别人向她请教育儿经，在那些人的赞叹声里，她内心的空虚会暂时得到满足。"

"但这满足当然是假的，"林鸦笑了笑，"不然，人为什么会痛苦？"

"别人夸我，我总会偷偷看我妈，那时候她的表情就像在炫耀一件令她得意的作品。在妈妈的认知里，我的未来只需要做一件事——优秀，得体，让她可以吹嘘，让她受人膜拜。"

她见过无数次妈妈谈论她的样子，那样的眉飞色舞。妈妈的生命好像是一个长长的货架，而她就是那位供货商。她供应满分的数学试卷，供应数学竞赛的金牌，供应年级第一的位置，妈妈说，不够。

好的，妈妈。

于是她供应漂亮的容貌，供应领先于常人的优秀，供应能够在茶余饭后惹来嫉妒的轶事，供应人们的好奇、赞叹与歆羡。

妈妈将它们一件一件摆在了货架上，林鸮觉得自己已经给得够多了，但放在上面，就像针落入海里，转瞬就不见了。

妈妈没有说话，但她已经知道，还不够。

不够，怎么办？

人们会怎么对待一件不够好用的工具？

"我很早就学会看我妈妈的脸色了。"林鸮女士的眼神淡若冰霜，"这是当然的，没有人喜欢挨打。"

"我不是全才，我也有表现不好的地方。比如钢琴，妈妈说其他小朋友都会弹钢琴。太好笑了，那时候有几个人家里有钢琴？她说谎都不眨眼睛。"

妈妈托人帮忙，从大老远的地方运来了钢琴，给林鸮请了顶级的钢琴老师。可她的手不听使唤，她读得懂五线谱上的不同符号，记得住每一个琴键对应哪个音阶，可她就是弹不好。

那时候，练琴成了她的噩梦。妈妈拿着衣架站在一旁，只要她有一点跟不上节奏，妈妈就开始一边哭一边打她。

妈妈说她付出了那么多，千辛万苦找人帮忙，弄回来一架钢琴，花了这么多钱找来老师，觍着脸求人，都是为了她，她竟然还弹得这么差。

讲述这一切的时候，林鹨女士平静得如一潭死水。

突然间，企鹅老师想起了椀鸟家里那台巨大的雅马哈钢琴。她只见过一次，后来它便不知去向。

"有一天，我弹错了一个音，她突然冲上来打我，但这些伤害对我而言都是家常便饭了。"

林鹨女士的头发向来梳得精致，但不经意间，企鹅老师却看见了她右额角上一道浅浅的伤疤。

"那时候我五六岁吧。"林鹨女士淡淡地笑着，"我五六岁就不会哭了。"

但妈妈会哭，多好笑啊，施暴的人反而在哭泣。

她被打的时候，耳光和拳头落在身上的时候，偶尔，妈妈的眼泪会滴在她的脸上。

那个时候，疼痛感已经不那么强烈了，于是，那种浅浅的湿热，反而会让你的意识瞬间清醒过来。

她清楚地知道妈妈在哭，妈妈并不会从打人中获得快乐，但她还是这么做，为什么？

哦，是的，因为我是她的。

我是妈妈的。我不够好，妈妈在打磨我，妈妈在宣誓，妈妈在捍卫。

"我看着妈妈哭就觉得反感。这个没有用的女人，哭，打孩子，有用吗？去找那个让你痛苦的男人啊！"

林鸮女士冷笑着。

"是的，我们家还有个男人，好多时候，我都忘了我还有个爸爸。虽然这个家住着三个人，但最强壮、最有能力保护我的人，是透明的。我的妈妈对我不像个母亲，而像个暴君。我那么小，没有力气反抗，也不懂反抗。没有人帮我。"

"不，"林鸮女士摇摇头，"也不能说我爸没有帮过我。最初，我妈动手打我的时候，他好像也有阻止过，但被我妈吓退了。"

林鸮笑了笑，眼里却没有一丝笑意。

这就是父亲的选择。

后来，不论她被妈妈怎么对待，父亲都能当作什么都没看见。

人嘛，就是这样，只要选择闭上眼睛、塞住耳朵，就可以装聋作哑，心安理得地过一辈子。

"他好像永远都在看着手上那本书。"

在她被妈妈打得尖叫、痛哭时，在她挨打后无力地躺在地上时。

有时候，他反而会露出厌烦的表情，悄悄走回房间，轻轻打开门，又轻轻关上门，好像生怕自己会打扰这场暴力。

也好像她的哭喊声太吵，同样打扰了他。

"爸爸看重的只有自己，保全自身最要紧。而我和妈妈不过是和他住在一起的住客。爸爸一走回房间，妈妈会更生气，打我打得更厉害。

"哭有什么用，喊痛有什么用？后来我妈每次打我，我就看着她。面无表情的我让她更愤怒。那就愤怒吧，没有我，看她拿什么炫耀。"

林鹊女士的目光望向窗外，仿佛投向了那段虚无、痛苦的过去。

咨询室外的阳光正好，秋日的风带着凉意，吹进窗时，扬起了细碎的尘埃。

林鹊女士的身影被阳光勾勒出来，连细小的绒毛都清晰可见，看起来很温暖。但她却一动不动，任由风吹乱她鬓角散落的发丝。

"我这副躯壳下，从小就空荡荡的了。"

她的视线依然投向窗外。

那里有一只蝴蝶，阳光让它翅膀上的鳞粉闪烁出耀眼的光芒。它慢悠悠地吹着风，又振振翅膀，停在了窗台。

窗台正好种了一些花，花朵在风中摇曳，不知疲倦。

"长大后，我知道了我爸更多的秘密。"

她的声音有些破碎。

"我才知道我还有弟弟妹妹，我见过我爸和他们在一起的样子。他们都在笑，就像一家人那样。"

那也是偶然。一次外出时，就这么凑巧碰上了。她当然没有站出来，而是在背后偷偷地看。当时心里在想些什么，她已经不记得了。总之，悲伤很少，恨也不多，她已经将父亲这个缺位的角色从心里剔除了。

她只是有些惊讶，甚至有些好奇。于是她偷偷跟了一路，直到他们上了车，再也追不上。

那是她第一次知道，原来这个男人是有爱的，是会爱别人的。

没有比这更有说服力的证据，他知道怎么去当一位好父亲，他只是不爱她，也不爱这个家。

原来，他真的不需要这个家。他自可以在别的地方做别人的丈夫，别人的爸爸，在那些时候去挥洒他的爱。

原来是这样。

"我猜，我妈早就知道我爸的事。那又如何？她怎么可能离婚？"

林鸫女士笑着摇摇头。

"恋爱的时候，我爸让她有能在人前炫耀的资本，所以她无论如何都要嫁给他。后来，我爸头上顶着越来越多的光环，就算在外面有那么多不堪的事，她也不可能放手了。这段婚姻，两人各取所需，各自是彼此的工具人。"

林鸮女士转过头，朝企鹅老师眨了眨眼。

"原来我们三代都是工具人。"

一颗扭曲的种子，种下了三代人的因果。从林鸮女士的母亲，到林鸮女士，再到女儿椀鸟，她们都被裹挟在这场噩梦里，无一幸免。

"最初的几年，我爸有求于外公外婆，从来不敢忤逆我妈妈。这就是他们故事的开始，一段从一开始就不匹配的关系。家里所有的事情都由我妈做主，不论合理的、不合理的，我爸都没有发言权，只能无条件接受。这听起来是种很压抑的生活，可实际上，并不一定。"

林鸮女士的表情中带着玩味与讽刺。

"或许这个社会就是这样，家庭在男人的生命里只占那么一丁点儿篇幅。关起门又能如何呢？闭上眼，忍一忍，睡一觉就过去了。醒过来，迈出家门，他有他的事业，他的生活。他有发挥自己的舞台，有发泄情绪的渠道。

"真正离不开家庭的，是孩子。"

妈妈曾经说，她不可以不优秀。

妈妈还说，爸爸不可以和她离婚，她一辈子都要体体面面的。

妈妈总是这样的，因为什么都不真正属于自己，所以什么都要抓在手里。

她的女儿必须是圈子里最优秀的那个，她的丈夫必须永远和她绑在一起。

丈夫有他的事业，她管不着他的白天和黑夜。

但女儿可以，女儿还没长大，还能握在手里。

于是心里所有的不甘、愤恨、虚荣，都有了去处——

"痛苦的，只有我。"

林鹓的表情此刻终于有了一丝裂缝。很难说是因为什么，但你能看见，有东西从里头冒出来。坚硬的土壤有了松动，埋藏在地下的，终于要见天日。

"我结婚后不久，我爸退休了，有一天他好像突然醒悟了，给我打电话，说对不起我，对不起这个家庭。"

林鹓女士垂下眼帘，慢慢呼出一口气。

"他写了一封遗书，交代好他的资产分配，带着我妈妈一起走了。

"就这样，他们留下了很多房子和钱，还有一个孤独的我。我不知道我爸其他的孩子在哪里，没有人找我要过钱，也许他都交代好了吧，真的走得干干净净。"

没来由的，企鹅老师有种直觉，林鹓女士的内心深处或许是希望有人来打扰她的。

第九章 代代相传的伤害

　　"我三十几岁才遇到椀鸟的爸爸。当时，我这个年纪结婚算很晚的。我被椀鸟爸爸吸引的原因很好笑，他是我下属，有一天他和同事聊天，说他为了考上大学，每天晚上都把脚泡在冰水里，让自己保持清醒，继续学习。"

　　林鸮女士说起这段经历的时候，神情有些茫然，仿佛自己又回到了那一天。

　　"他家乡在北方，冬天很冷。那次以后，我不自觉地开始关注他。他大概是注意到了，也很识趣，会主动对我示好。后来，不过半年时间我们就结婚了。"

　　她说不清楚那一天的感觉，她心动过，所以知道那不是爱情的心动。但身体有某个部分颤动了，共鸣了，吸引住她的视线。在此之前，她对这个男人毫无兴趣，而从那个故事起，她好像瞬间去到了他所说的家乡，真的感受到了北方的冬天与风。

曾经，在她的生命里，也有一个男人跟她说过冬天的寒风。那个男人会瑟缩着手脚在墙角里听课，会每天疯跑到河边，只为了看一眼漂亮的花。

"后来我才知道，他对我根本没感情。但我不是很在意，我对他本来也没什么男女之情。"

林鸮女士耸耸肩，茫然的神情消失不见。

在企鹅老师看来，林鸮女士之所以选择椀鸟爸爸，原因非常明显。

或许林鸮女士一直没能发现，又或许她已经意识到了，却不愿面对。在她的描述里，椀鸟爸爸和她自己的父亲非常相像。

潜意识里，林鸮始终爱着那个不作为的父亲，这是作为女儿的天性。她渴望父爱，于是找到了一个和爸爸很像的人，同他结婚、生子。

然而，她不爱她的丈夫。

企鹅老师察觉到，林鸮女士看似对感情表现得十分漠然，实则是对触碰情感、投入情感感到恐惧。并且，极有可能她害怕触碰的对象还包括了她的女儿。

"他靠着我在医院站稳了脚跟，越爬越高。我看着他越爬越高，也看到他一些不太忠诚的行为。我无所谓，我也不在意。直到有一天，椀鸟放学回来，她说她同学告诉她，她爸爸有其他阿姨。她问我这是不是真的，问爸爸是不是不要我们了。"

林鸮女士垂下眼帘，许久没有说话。

她还记得椀鸟仰起头，哭着追问她的样子——天真，脆弱，无力。

那一刻，她在椀鸟身上看见了自己。这个认知让她在心里无声咆哮，仿佛海啸来临，她的身体紧绷起来，整个人都陷入了恐慌。

然而她的女儿却在哭，她在害怕爸爸会离开，是的，她爱她的爸爸。椀鸟和她始终是不同的。

"结婚这么久，我和她爸爸第一次大吵。我跟他说，做人要懂得收敛，不要在医院胡来，他就打我，和我小时候妈妈打我一样。"

林鸮女士忍不住笑出了声。

"我那时候感觉好奇怪，原来这群人解决问题的方式都是同一个。他打我，我却一直在大笑。我不知道为什么笑，可我忍不住，我心里有一个声音，我听见了，它也在笑。

"它笑得好吵啊，它一边笑一边说：'看吧，你就配这样的男人。你和小时候如出一辙。'"

林鸮女士低下头，声音里带着几分自嘲。

"我抓住了它，把它翻过来，想看清它的脸。

"原来，它长着我的脸。

"那次之后，我和椀鸟爸爸提出离婚，他不愿意。我把我去验伤拍的片子甩到他面前，威胁他要去总院找领导告发他。他所做的种种，医院没有人不知道，如果我去举报，他绝对没有好下场。"

她几乎是咬牙切齿地吐出最后一句。语气里深含的快意与恨，让企鹅老师不禁心惊。

男人当时震惊的表情她还历历在目。

撕破脸皮这种事对她而言从来就不是什么难事，她甚至还很擅长。

爱情是什么？婚姻是什么？家庭是什么？

她的父母从来没有教过她这些。她知道她的性格有缺陷，但又能怎么办呢？没有人告诉过她健全的爱是什么样的，正常人是怎样去爱的。

她更多时候是在模仿。

她模仿一切"正常人"会做的事。她谈恋爱，结婚，生孩子。只有最后这件事，是她不可控制的。面对椀鸟，她原本空荡荡的心好像被填满，又好像比以往更加空洞了。

她不想要一切属于她的东西，包括椀鸟。从小到大，没有人问过她愿不愿意，想不想要，她被迫接受了一切。到最后，她的父母就这么走了，将她一个人孤零零地留在世上。

然后椀鸟出生了。她的女儿，她唯一血脉相连的亲人。椀鸟和她长得很像，那是血脉的证据。她想把一切都给椀鸟，只要椀鸟不再属于她——她知道椀鸟是她的责任，但她想逃。

在这样想要逃离的每一天里，椀鸟渐渐长大了。

她希望椀鸟不要成为她，但椀鸟最终却还是走向了那一步。可能这个家庭从一开始就注定如此。

"老师。"

猛地，林鹢女士抓住了企鹅老师，仿佛溺水之人紧紧抓住身边那根浮木。

"我自己就在深渊里，我没有办法救我的女儿，你一定要救她。

"我从小就活在我妈畸形的爱里，我不知道怎么抚养孩子。椀鸟出生后，我每一天都活在恐惧中，我担心她出门被车撞倒，担心她和同学相处不好，担心她在学校遭受老师的冷眼，担心她爸爸会伤害她……我有好多好多的担心，我知道过度的担心是诅咒，可我控制不了。"

她疯狂地摇着头，眼睛瞪得很圆，表情一时间竟显得有些狰狞，好似向来精美的面具裂开了一条缝。

"我越是担心，就越不敢靠近我的孩子。她从小就被阿姨带着，自她出生后，我从来没有抱过她——我怕我投入的感情太多，说不定哪一天，她就会突然离开我！"

在林鹢女士的心中，椀鸟仿佛不是她的女儿，而是一只她不敢饲养的宠物。

她从来不曾抱过椀鸟，尽可能地避免一切触碰女儿的机会。自从脐带断开，她们的连接就深深地埋在地下，任由日复一日的世事覆盖。

血缘亲情——她被这个束缚得太久了，以至父母早已离开人世，她还被困在原地。锁住她的人离去了，锁链还在，她又创造出另一个血脉相连的人来——她的女儿。

物极必反，这一次，她尽可能地远离，可结果呢？

"可是，她竟然伤害自己！"

她冷笑出声，笑声太大，把企鹅老师的耳朵震得嗡嗡作响。

"不好笑吗？她居然这样做。

"我只为她而活。我比她更难过，更想逃，我还活着，她怎么可以走？！"

极大的愤怒席卷了林鹉女士的理智，让她的身体像狂风中的树叶一般颤抖着，摇摆着。

企鹅老师看着好似陷入癫狂的女人，嗓子像被堵住了似的，什么话都说不出来。

当下，她只感到了无法言说的震撼。

她完全理解了林鹉女士，无论是她想说的，说出了口的，还是不曾表露，潜藏于内心的情感。

她的心剧烈地颤抖着，指尖传来尖锐的痛感，沿着血管一路渗入心脏。

她想动一动手指，却完全失去了控制，嗓子说不出话，心脏却直往下沉，叫人喘不过气。

身体的失控让她一瞬间回过神来，她知道，这个状态是由于心理咨询师与当事人共情太多，以至完全沉浸在对方的世界中，失去了与自我的连接。

企鹅老师马上稳住心绪，开始尝试深呼吸，于内在，与自己的情感中心、能量中心连接起来，静静地感受着。

"我在这里。"她反复默念。

几次呼吸后，企鹅老师平静下来。

她用手轻轻地抚摸林鹁女士的手臂，动作是那么温柔，仿佛正在碰触一团蓬松易散的绒毛。那一瞬间，林鹁女士的身体变得僵直，胸腔的空气到达鼻尖，却停住了，僵持在那儿。

企鹅老师没有收回手，而是用右手食指在女人的手臂上敲打出一个节奏。

首先是短促沉重的，配合女人停在鼻尖的气息。后来变得缓慢绵长，带动她呼吸的节奏。

林鹁女士的眼睛睁得很大，在过去的生活里，她都习惯了要随时保持警惕。此时，身体下意识地给出了反应。

企鹅老师的声音温柔且坚定，她在女人耳边低语着："是啊，我们眼睛周围有很多神经，它们一直在支撑着我们，就像时刻待命的战士。现在，我想请你给它们下个命令，让它们放松下来。是的，它们可以暂时休息一下，你会感觉你的眼皮有点重……"

林鹁女士缓缓地闭上了双眼。

"我们辛苦了好久，撑了好久，现在可以让自己呼吸一下。是的，吸一口气，你会发现，它可以让你更深层地放松下来。"

企鹅老师的嗓音仿佛变得有些遥远，像是飞离了这间咨询室。

"你知道自己在什么时候最放松，你知道哪个地方你最喜欢，去到你最喜欢的地方，也许是海滩，也许是花园，也许在森林里，也许在天空上……无论哪里，一定是让你放松的地方。

"来，伸出手，感受一下这个地方的空气和温度。你可以在这儿触碰你想触碰的任何东西。"

企鹅老师看见林鸮女士的右手小拇指开始试探性地抚摸着什么。然而，她的双脚正用脚尖点着地。

这是一个并不完全放松的动作，但结合她以前的经历，企鹅老师能够理解——或许正是童年的遭遇，让她身体的很多部位都被训练至无意识的待命状态。

为了改变这一点，企鹅老师不着痕迹地继续说："很好，你甚至可以用双脚去感受一下大地。"

慢慢地，林鸮女士放平了双脚，呼吸也更加舒缓。企鹅老师的脸上出现一丝笑意，她轻声地问道："你在哪儿呢？你可以告诉我，这里是什么地方吗？"

"我在海边，沙滩上有白色的沙子，亮晶晶的。"林鸮女士说。

她说话的状态显得很年幼，不像女人现在的年纪。企鹅老师捕捉到了这一点。

"是的，你正在一个铺满白色沙子，亮晶晶的海边……"

企鹅老师重复着她的话，嗓音温柔。

有时候，心理咨询师要用轻缓柔和的语调让咨询者沉浸在幻想中的场景里，不轻易醒来。

"现在的你几岁呢？"企鹅老师问。

"我叫林鸨，我四岁了！"

林鸨女士就像小孩在向大人介绍自己的名字那样，扬起了脑袋，充满自信，落落大方。整个过程非常自然，没有丝毫成年后对自身的厌恶之情。

企鹅老师也让自己像正与林鸨女士对话的大人一样说道："真棒，你四岁了呀，那我应该怎么称呼你呢？叫你小林鸨可以吗？"

"哈哈，小林鸨，哈哈……"林鸨女士歪着脑袋，一直开心地笑着。

企鹅老师注意到这个笑声，问道："你在做什么呢？"

"我在堆沙子。"林鸨女士的手慢慢动着，表情就像四岁的小朋友那样生动可爱，"我要堆一座很漂亮的城堡。"

"听上去好厉害啊，这座城堡有什么特别吸引你的地方吗？"

企鹅老师觉察到城堡象征着什么，于是借此直接切入。

"城堡是黑色的，别人都不敢过来。"林鸨女士说。

这是很特别的信息，马上引起了企鹅老师的重视，她接着问道："我很好奇，这座城堡为什么是黑色的？"

"因为我有一支笛子，是这样的，"她用拇指与食指比画出一个短短的距离，"只要一吹就会有很多黑色的烟飘出来。"

黑烟代表着驱赶。一个四岁的孩子已经选择主动驱赶他人，远离他人，这意味着她曾受过多么严重的伤害。

"原来如此。"企鹅老师接收到的信息让她越来越惊骇，但她仍然保持镇定，继续问道，"城堡里还有其他人吗？"

"没有。"

"有没有其他小动物陪你呢？"

"没有，我才不想要它们陪，"林鹛女士摇了摇头，"万一它们死了怎么办？"

这位四岁的小朋友有她自己的逻辑。而这套逻辑，其实在成年后的林鹛女士身上也可见一斑。心理学上有这么一种说法：每个人的内在都有一位"小教授"，这位小教授的经验来自我们从前经历过的事情。所以，当我们遇到了什么事情时，实际上是内在的小教授在帮我们做决定。此刻，这个小朋友做出了一个拒绝陪伴的决定，这就说明她在更小的时候可能发生了什么事，这件事深刻地影响到了她。

企鹅老师决定继续往前探索："我有一个很好的朋友，她总是爱一个人独处，不喜欢父母陪着她，也不喜欢有其他伙伴在身边。有一天，她在沙滩上堆沙子，沙子盖成了一座很大、很漂亮的城堡。城堡前面有一条长长的路，背对着城堡往远处走，抬眼望去能看到湛蓝的天空和四散的白云。她走啊走，终于走到了这条路的起点。路口立着一个标记牌，上面写了一个数字，你能看清楚写着什么吗？"

企鹅老师试图在催眠中建造一个梦中梦，以抵达林鸮女士潜意识更深处。

"没有。"四岁的林鸮女士回答道。

企鹅老师想以这种方式，得出林鸮女士四岁前经历的事件发生在什么时间，但这个时间不一定能用具体的数字表示出来，所以用标记牌难以回答。于是，她用了另一个方法。

"好的，那么，我想请四岁的小林鸮站在这条路的起点。这条路正指向那座黑色的城堡，你可以往四周仔细看看，附近还有什么吸引你的地方吗？和远处的城堡有什么不同？你感受……"

"我看到——"没等企鹅老师讲完，林鸮女士便打断了她的话，"我看到一个摇篮，很小，粉色的，很漂亮，里面有个女宝宝。"

"这个摇篮在哪里？"企鹅老师问。

"在一个有点暗的房间里。窗外有阳光，不过照不到这个摇篮。"

"很好，你看看这个摇篮所在的房间周围，还有什么吗？你看见、听见、感受到了什么？"

过了一会儿，林鸮女士回答了。

"我听到这个摇篮里的婴儿在哭。"

根据描述，企鹅老师也同步调整催眠中的场景。慢慢地，她的眼前也出现了一个昏暗的房间，窗台洒下一小片阳光，却照不进这个房间。角落的阴影处放置着一个摇篮，里头有一个正在哭的婴儿。

很多心理咨询师可以在咨询过程中看到当事人所看见的画面，这种能力企鹅老师也有，并不需要太高深的技巧，关键是要保持专注，和当事人同频，顺着他们的思维走。

企鹅老师点点头："是的，摇篮里的婴儿在哭，你可以靠近她吗？"

"可以。"

"很好，那你看看她……她怎么了？你看见了什么？"

"她的脸好红啊，哭得筋疲力尽，好可怜啊。"林鹓女士皱着眉头，声音带着不忍和同情。

这是一个好现象，证明林鹓女士开始感同身受，她不再游离于情感之外了。针对这个情况，企鹅老师决定在这里下点功夫。

"看到这个婴儿，你有什么感受呢？"

"我想抱抱她，可是我好生气，我不知道我为什么生气。"林鹓女士的脸变得通红，仿佛下一秒就要爆炸了。

企鹅老师注意到了，马上问道："是什么令你那么生气？"

"外面很吵，吵得我好难受！"林鹓女士摇着头，语速飞快。

林鹓女士的情绪高涨、外露，这都是很好的现象。

此前，她被许多东西所束缚。小时候，她被母亲自以为的爱束缚，被父亲的冷漠束缚，被自己对父母的厌恶束缚。长大后，她又始终活在幼时的阴霾下，不敢爱，不敢承担，不敢失去。

她把自己训练成一个不动声色，没有悲伤与快乐的人，甚至连自己的女儿都无法接触。这样的压抑旷日持久，从上至下，由内到外地控制着她。

现在，她终于不再压抑自己，终于不再是一个没有情感的人。

"我想请你去外面看看发生了什么——"

出于一种直觉，说出口的瞬间，企鹅老师马上敏锐地感知到，林鸦女士其实根本不想离开房间。于是她紧接着补充道："你想去吗？"

"不想。"对面回答得很果断。

在咨询过程中，心理咨询师必须时刻关注当事人的表情及状态，双方需要建立牢固的信赖关系，达到合二为一的境地。任何一个错漏，都有可能让当事人觉得自己不被理解，从而丧失对心理咨询师的信任。

"你知道外面发生了什么事，是吗？"

"是。"

一个肯定的答复，没有解释，没有补充。

林鸦女士的潜意识拒绝去看这部分内容，也拒绝描述。

这时候可以不往下追问。所谓催眠，其实是让当事人处于一个极度专注的状态，并非控制他的言行。催眠无法令当事人做不愿意做的事。

尊重当事人的意愿，处理可以处理的部分，尊重潜意识给出的选择，因为每个人在当下都会做出对自己最好的行为。

从业已久，企鹅老师了解并尊重这话语背后的信息和当事人的想法，于是她回到情境里，再和四岁的小林鹟一起关注这个摇篮里的婴儿。

"小林鹟，这个婴儿有名字吗？你会怎么称呼她呢？"

企鹅老师问出这个问题后，内心有一瞬间的忐忑。她不确定林鹟女士是否愿意和这个婴儿相处，也不确定她会不会拒绝起名。好在林鹟女士很快就打消了她的担忧。

"宝宝。"她说。一个温馨的名字。

"太好了，她有个名字，你会叫她宝宝。"企鹅老师不禁微笑，"你现在感觉怎么样？"

"她有名字我就不生气了。"林鹟女士又说。

听到这个回答，企鹅老师的笑容绽放得更大，声音也和林鹟女士此刻一样明快了许多。

"太好了，小林鹟，宝宝还在哭吗？你看一看。"

"哈哈，不哭了。"林鹟女士惊喜地眨了眨眼，"她还在看着我呢，她的眼睛好圆，好可爱啊。"

"是呢，好可爱啊，小林鹟，你刚才说你想抱抱她，那现在可以抱她吗？"

"可以啊，哈哈哈……"

如同每一个四岁的小朋友，林鸮女士的笑声里有着独一无二的纯净、天真和美好。企鹅老师也笑出了声，好像在这个画面里，她们正抱着宝宝，逗弄她的小脸和肉肉的小手，一同开心地笑。

"小林鸮，如果你对宝宝有什么祝福或者想说的话，可以告诉她。"

企鹅老师小心翼翼地尝试着，这个宝宝是林鸮女士记忆中最脆弱的部分，如果可以做一个连接就太好了。

林鸮女士沉默了一会儿，然后开口说道：

"宝宝，我爱你。"

随后，一滴眼泪从林鸮女士的右眼眶滑落了下来。

这句话出乎企鹅老师的意料。

她经历过很多这样的时刻，多数当事人会选择说"我会保护你的""我就在这里"之类的话，这还是她第一次听到当事人这么直接、真挚地表达爱。尤其，她知道"爱"这件事对林鸮女士而言有多么重要与难得，心有所感，她的眼眶也变得湿润起来。

"小林鸮，太棒了。"企鹅老师下意识肯定了林鸮女士这个行为。

一瞬间，她看到林鸮女士的变化。她的背放松下来了，手安稳地放在腿上，脸上带着淡淡的笑意。尽管眼泪还在一滴一滴往下掉，但她的姿态是那么舒缓，没有了之前那种紧张、焦虑，好像脱离了那个时刻都在备战的状态。

"是啊，小林鸮不是一个人，她有一个小宝宝，还有各种年龄不同的人陪伴在身旁。她们在同一条线上站着，每个人的个子、穿着、样貌、表情都不一样。"

企鹅老师的声音仿佛从遥远的地方传来，很轻很柔。

"现在我想请小林鸮和宝宝一起，你们有神奇的魔力，可以走到每一个人面前。但是有个小规则，一定要按顺序走。每当你们走到一个人面前，就可以和她融合到一起，因为她亦是你。你们准备好后，就可以往前走了。"

企鹅老师和林鸮女士一起站起来，地上有企鹅老师提前放置的一条线，还有一些人形纸片。

林鸮女士深深地吸了一口气，接着，她的脸上露出了一个浅浅的笑容。

企鹅老师细心地引导着，她的指示和语速配合着林鸮女士的呼吸节奏："是的，一步步往前走，走到下一个……"

她注意到林鸮女士的表情，说道："这个人好像有点不开心，看到她不开心，你也会不开心。可是神奇的是，你只要走向她、穿过她，当和你融合到一起时，她就变得开心了。"

此时，企鹅老师正用双手轻轻搀扶住林鸮女士的左手肘。在企鹅老师的支撑下，林鸮女士的神情似乎更平静，更坚定了。

"好的，轮到下一个人了。这个人的心情好像很愉快，让我们走向她、穿过她，和她融为一体，带着她的喜悦往前走——我们接下来的路需要很多份这样的喜悦。"

慢慢地，企鹅老师和林鸮女士走到了下一个人面前。林鸮女士的呼吸立刻急促起来，她眉头紧皱，双手不由得绷紧，脚步也停住了，不愿再往前一步。接着，她弯下身子，开始抽泣，泪水顺着脸庞流下。

企鹅老师能感知到，这个人代表了愤怒。

"是的，这个人是愤怒的，愤怒是保护我们的能量，使我们不受侵犯与伤害。感谢她，感谢她保护着你，走向她、穿过她，和她一起往前走——接下来的路需要愤怒来让我们的边界不被侵犯，我们可以表达出这种感谢，是的，特别好……"

下一秒，林鸮女士开始号啕大哭。她用双手狠狠地锤向咨询室地面，痛哭出声，大喊着："对不起，对不起，对不起……"

咨询进行到这里，那让她崩溃痛哭的具体事件已经不重要了。林鸮女士的情感彻底冲破了牢笼，她有了确切的情绪与感受。

看着面前捶地痛哭的女人，企鹅老师知道，这时候可以再做一些疗愈了。她在旁边用平静的嗓音不断重复着那四句话——对不起，谢谢你，请原谅，我爱你。

这神奇的四句真言，让林鸮女士的潜意识慢慢在疗愈中整合、变化。

咨询室里铺了厚厚的地毯，林鸮女士跪在地上，双手依然不停地用力往下锤。这样激烈的动作应该会造成淤青。但这是可以的，企鹅老师心想，身体的痛与心里的伤相比，林鸮女士的潜意识做出了选择。

随着时间的推移，林鸮女士渐渐放松下来，她蜷缩着身体，静静地卧在地毯上，偶尔发出一两声抽泣。她完全放松下来，竟然就这么睡着了。

咨询室昏黄的灯光笼罩下来，让人很是放松惬意。感受到这份安宁，企鹅老师也慢慢地闭上眼，静心冥想，默默等待。

在心理咨询中，很多时候不是咨询师想要去哪里，在哪里停止，解决什么问题，而是当事人去到哪里，又会在哪里停下。这些只能由当事人决定。

心理咨询是生命陪伴生命的旅程，在这条路上，做一个道艺合一、身心一致、包容接纳的人是企鹅老师的追求。

林鸮女士睡了好长一段时间，她感觉自己已经很久没有这么舒服地睡过一觉，好像几十年来都从未有过。

她感觉自己的身体如此轻盈，好像排出了很多困扰她许久的垃圾和毒素。她躺在地上，却感觉自己可以缓缓漂浮起来，像一根灵动的羽毛。她突然间想动一下自己的身体，感受一下自己的手和脚，感受四肢如何引领她的灵魂，或者她的灵魂怎样带着她的身体舞动。

林鸮女士抬起头，以一种前所未有的热情且渴望的眼神看着企鹅老师。

企鹅老师觉察到她的变化，也洞悉到她的需求，却只是微笑着。

"我们再约一次，下一次，我们一起努力，让你的身体与心智连接，让你的存在更有力量。"

"好的。"林鹤女士点点头，坚定而期待地说道。

她急匆匆赶回家，归家的路程第一次变得那么漫长。她好想赶紧回家看看她的女儿，好想在女儿面前笑，好想有个人可以分享她今天的收获。她有好多话想要说——从前，一个阀门锁住了那些表达，现在阀门开了，好多好多的东西奔涌出来。

她想着想着便笑出了声。司机大棕熊透过后视镜看到太太的笑脸，也不禁笑了。

他是家里的老人了，从十几岁就被老先生带在身边。他不识字，全仰仗老先生的信任，才在这里留了这么久。这一家子给了他很多照顾，他一路看着林鹤女士长大，心里其实已经把她当作亲人看待。

他知道太太以及老先生、老太太这两代的不容易，也知道椀鸟的情况。

这么久了，终于看见太太发自内心的笑容，他由衷地感到舒心、开怀。

四十五年了，这段路晃晃悠悠，他也长成了小老头，到了退休的年纪。

他想，往后的日子里，太太一家都会好好的，天上的老先生、老太太也会放心吧。他们还是爱这个孩子的，一定是爱的。

他握着方向盘的手很稳，心里有着满满当当的欣喜。

他很感谢企鹅老师，每次去接这个老师，都能感受到这位胖胖的老师身上的温和与平静。

轿车逐渐减慢了速度，停在了洋房外面。

"到家了。"

明明这句话已经说了无数遍，但今天，他却第一次感觉到自己话语里的惊喜与期待。

"谢谢。"

林鹓女士破天荒地应道，默默下了车。

这是他第一次听到林鹓女士回应他。司机大棕熊愣住了，站在原地眨了眨眼，随后露出一个迟到的笑容。

回家后，林鹓女士并没有和椀鸟说太多话，只是一直在笑。

这件事企鹅老师也是后来才知道的。那时候，椀鸟正在和她聊天，女孩歪着脑袋问企鹅老师："妈妈那天见你时发生了什么呀，回来后一直傻乎乎地笑，哈哈哈……"

椀鸟描述妈妈笑容的时候，眼睛亮晶晶的。

"不知道呢。"企鹅老师笑着说。

椀鸟便不再追问了，似乎还在回想妈妈那难得的模样。

其实她不在乎答案，只在乎妈妈这份笑容，她希望这份笑容能够永远停留在妈妈的脸上。她知道妈妈以前并不是真正的快乐。有时候，她看向妈妈，妈妈的眉毛会紧紧皱起，板着脸，看起来很严肃。

虽然妈妈会给她做美味的饭菜，给她买她想要的任何东西，但是，她想要的是妈妈问她今天过得怎么样，而她则有机会把一整天发生的趣事告诉妈妈。她们会为同一件事开怀大笑，或者感到愤怒。

她最想要的，是彼此间这样共同的时刻。

她最想要的，是妈妈发自内心的笑容。

如果妈妈能够开心起来，她也会很开心。

第十章 舞动的林鸮女士

　　林鸮女士第二次赴约时，企鹅老师被她惊艳到了。她不再一丝不苟地挽起她的长发，而是烫了一个卷发，显得温柔而妩媚。不知道林鸮女士会不会喜欢妩媚这个词，但看着女人此刻因为变换造型而略显羞涩的脸，企鹅老师觉得这个形容如此贴切。

　　"今天，我们会做一些关于身体的练习。"

　　企鹅老师放了一杯柠檬水在林鸮女士面前，后者下意识端起了杯子。从踏入这个房间开始，她便感觉自己晕乎乎的，有一种舒缓、放松的感觉，像整个人都泡在了温水里。她的脑袋好像也转不动了，明明有那么多想问想说的事情，此刻却完全没法组织语言。

　　"我会教你用身体说话。"企鹅老师缓缓地继续说着。

　　林鸮女士觉得自己在听，可与以前不同，声音进入了耳朵，脑袋却没办法记住并理解企鹅老师说的话。她闭上眼睛，小小地挣扎了一下，但还是被这种放松感所俘获——

算了，我就随意吧。她这样想着，也这样做了。

她听见企鹅老师的声音像从很远很远的地方传来。

"我们的身体如实记载了我们过去所有的经验与记忆。我们头脑早已不再记得的事，却丝毫不差地记载在我们的身体里，并无时无刻不在影响着我们的生活、情感、思维与心灵。"

老师在哪儿？她还在房间吗？她好像在说很多很多话？

"上次和你见面时，我留意到你的身体出现了冻结反应，这也许和你早期的情感经历有关，今天我们来做一些处理。

"这些过去的经历和事件堆积在我们体内，可能会导致我们难以释放、难以表达。"

这也是林鸮女士在上次咨询中直接睡过去的原因。

企鹅老师耐心地解释着，虽然林鸮女士看上去根本不在意这些解释，她反倒更期待接下来会发生的事情。企鹅老师知道她的想法，却没有着急。

有时候进行心理咨询和演绎音乐作品一样，有了前奏的渲染，才能达到后面的效果。

"心理层面的问题可以在身体层面得到答案，身体的动作是潜意识的语言。"企鹅老师继续说道，"我们这次会通过身体动作来处理记忆，一切都源自身体。如果不想说话，可以不说话。你的人生剧本由你决定。你今天会重写你的剧本，请随心。"

前面的话，林鸫女士都听得不真切，完全没法理解。可最后这句话却在她心中久久回荡。

林鸫女士突然笑出了声，说："好。"

她的眼睛逐渐变得明亮，尽管脑袋还是转不起来。

"接下来我会放一段音乐，当你听到旋律的时候，将注意力集中在你的身体上——它有什么样的感受，它想做什么样的动作，跟随它。"

企鹅老师的声音缓缓响起。

"我的声音会一直跟随着你，你先用身体去感受和表达。在这里，只有我和你。这里没有跳得好或不好，但如果你希望有欣赏的人，我就在这儿。"

林鸫女士听到这里，轻轻地笑了一下。

企鹅老师也笑了笑，说："你知道吗，我有一个朋友，她学了很多年的舞蹈，可是在我看来，还没有我们会跳呢。因为她听到音乐的时候，下意识想的总是下个动作是什么，该怎么跳才能更优美、更惊艳。这时候她已经在用头脑跳舞了。而没有学过舞蹈的我们，却能用我们整个身体跳出心灵的舞蹈。"

林鸫女士听到这儿，害怕的情绪突然间消失得无影无踪。她的脑海里原本一直有一个声音在循环播放——那是小时候学钢琴跟不上节奏时，母亲在耳边的训斥声——就在企鹅老师说话的那个瞬间，这道声音消失了。

"好。"她点点头，语气中带着笃定。

女人的脸庞少了往常的端庄自持，多了一分灵动可爱。这让她显得比任何时候都要年轻、鲜活。

看着林鹓女士坚定的表情，企鹅老师也笑了起来。

"好，那我们开始吧。"企鹅老师带领林鹓女士走到房间中央。

"我想请你选择一个舒服的姿势，站着、躺着、坐着都可以。在接下来的过程中，会有一些情绪慢慢得到回应。是的，这里是安全的，你做什么都可以。"

接下来这段时间，林鹓女士感觉她把自己的人生重新走了一遍，酣畅淋漓。

这段旅程如果有名字，那一定叫作"回归"。

林鹓女士躺在地上，舒服地蜷缩起来。这个姿势如同婴儿蜷缩在母亲的子宫里，平静且安宁。她觉得此刻的自己还在母亲的肚子里，还没有真正诞生。她还不需要面对未来那些可怕的事情，未来只是一个很远很美的概念，而她还在初生的阶段，不必为未来担心。

她好像在广阔的海中央，随着海面晃晃悠悠。她感觉自己的眼泪又溢出了眼眶，因为一种从未感受过的母爱正紧紧将她包裹，原来母亲怀着她的时候，是如此爱着她。原来自己也是在母亲的祝福和期待下诞生的。

音乐缓缓响起，企鹅老师的声音很轻，却如此坚定。

"是啊，我们从一开始就能感受到爱。爱是我们存在的基础。"

林鹉女士的心跳漏了半拍，企鹅老师就这么说出了她的所想。但随即她又释然了，和企鹅老师待在一起的时候，她时常会有种错觉，仿佛她们是一个人。

听着企鹅老师的声音，林鹉女士慢慢回想起那些久远的往事。

她想起小时候，爸爸会带她出去玩，那些妈妈从来不允许她吃的东西、玩的玩具，爸爸都会偷偷买给她。有一次，爸爸还带她和他的朋友们一起去河里玩，他们玩了好久好久，直到身上全湿透了。

那次离开的时候，她坐在车后座，趴在窗户上恋恋不舍。她太开心了，她想永远留在这里。

那时候她多大了？有五六岁了吧。可是妈妈知道后非常生气，后来她还想跟爸爸和他的朋友们一起去河里玩，妈妈却狠狠地批评了她，说你不知道自己多大了呀，不知道自己是个女孩子吗？

她那时候听不懂，以为妈妈是在嫌弃爸爸的朋友，不愿意让她和他们玩。大概爸爸也是这样想的。可长大后她才明白，其实妈妈也很爱她，是在尝试保护她，只是方式欠妥。

她的爸爸有时候有点孩子气，他会说，这是我俩的秘密，不要告诉你妈妈。她很喜欢爸爸说这些话，这种时候，她会觉得自己被爸爸疼爱着。

原来爸爸以前是这样的呀，爸爸是这样对我的呀。

她再次想起了爱，那爱流过她的四肢百骸，好像在她体内生长……

林鹢女士的双臂张开，肩胛微动，缓缓舒展她蜷缩的身体。沉浸在音乐里，她慢慢从地上坐起身，左耳贴向左肩，肩膀也随之耸动。她的身体灵动柔软，如同一条绸缎，舞动着双臂，将自己全然打开。

"是的，爱需要和周围同频共振。"企鹅老师观察着林鹢女士的动作，缓缓说道。

"母亲有爱，父亲有爱，是的，这个家里充满着爱，你从小便被爱包围着。就是这样，非常好。"

林鹢女士并没有停止探索。她像一个调皮的小孩，闭着双眼往前摸索。有时前方会有一点阻碍，她便停下，后退一小步，只见她的头往右边侧一下，左脸又往前凑一下，像用身体在寻找着什么东西。

"音乐会慢慢停下来，当音乐停止的那一刻，我想请你睁开双眼，看着我。"

林鹢女士睁开眼，看到了企鹅老师胖胖的脸庞上温和的笑容，宛如暖融融的日光。她忽然有些站不住，身体酥酥麻麻的，像是泡在一池热水中，感到一种前所未有的放松。

每次咨询后，林鹢女士都会有这样的感觉。但这次好像又有点不同——她感觉自己胸前的纽扣好像松开了，但低头一看，纽扣还扣得好好的。

可是为什么我觉得衣服松了呢？

林鸮女士试探着，深深地吸了一口气。她能感觉氧气迅速充盈了她的整个肺部，支撑着她的躯体。

我好像能更自由地呼吸了。她想。

企鹅老师注视着她的变化，轻声说道："今天我们还有一项任务。不在咨询室里，去我的茶室，好吗？我们可以更放松地聊一些事情。"

林鸮女士点点头。

在企鹅老师的带领下，林鸮女士来到她的茶室。

端坐在榻榻米上，企鹅老师缓缓地泡起了茶。

她将烧好的水倒入面前那把漂亮的茶壶里。热水没过壶口，把茶里的泡沫冲出来，再盖上盖，用开水在茶壶周边淋一圈，用以暖壶。

整个过程中，企鹅老师都没有看林鸮女士一眼，只是专注于手中的动作。

林鸮女士也默默地看着她，此刻的林鸮如此安逸，与刚刚喜悦、挣扎、悲伤的状态全然不同。此刻的她已经忘记刚刚经历过什么，只在呼吸间留存那么一丝记忆，转瞬又被这一霎的宁静冲淡，再也辨不清楚。

"我们的基本需求是有限的，欲求却是无穷无尽的。"

企鹅老师在静谧中缓缓说道。

"我喜欢茶，所以我会去寻找更符合我心意的茶器，寻找更能浸润我的内心的那款茶。这是我的欲求。

"对大多数人来说，快乐的秘诀不在于寻求更多想要的，而在于培养寡欲的能力。但对你和我而言，我们需要寻求更多'我想要的'，当拥有这份'想要'的力量，我们的生命才会越来越丰盈。

"每个人都是不一样的。你和我在过往的生活里习惯'去我化'——没有我，只有我要承担的责任。这样，活着就没那么平衡和美好了。"

企鹅老师的声音一如往常，平静中带有力量。这是她第一次在林鸮女士面前谈到自己。有时候，咨询师适时的自我暴露，会更容易达到咨询效果。多年的咨询经验形成了一种直觉，向企鹅老师的大脑发射信号——此刻就是那个恰当的时机。

林鸮女士有一瞬的诧异。

"老师，你和我一样吗？"

她想这样追问，却停下了。这不要紧，她早就觉察到了，不是吗？和企鹅老师对话的好多瞬间，她都觉得老师懂她，她们仿佛是同一个人。一切理性的分析都不重要了，重要的是，现在与她对话的是懂她的人。

"所以，林鸮女士，有什么是你想要的呢？"

林鸮女士突然间清醒过来。

"什么，有什么是我想要的？"

在思考的时候，她却又走神了。在企鹅老师泡茶的这段时间里，她思绪纷飞，来来回回在空中飘荡。

"我没有什么想要的，我从小什么都不缺。"

她顿了顿，又说："如果有的话，就是我女儿吧。我想让她好起来。"

"是的，让女儿好起来是你想要的，还有吗？"

企鹅老师停下泡茶的动作，转而在纸上画了一个九宫格，往其中一个格子里记录下这点：让女儿好起来。

看着这个九宫格，林鹌女士努力让自己的大脑转动起来。

格子还有八个，我想要的还得有八个。

我还想要什么？我还渴望拥有什么呢？

"还有，我现在有新的事业，我想找到新的合作伙伴。"

"很好，新的合作伙伴。"企鹅老师重复道，"新的事业和新的合作伙伴是一件事还是两件事？"

"一件事。"林鹌女士非常笃定地说道。

"好的，还有吗？"

"我还想换套房子，换套小一点的，住到城市里去。我想去有烟火气的地方，现在的家太安静了。"

"很好啊，"企鹅老师边记录边给林鹌女士一个大大的笑容，"换套城市里的小房子，是吗？这个很不错。"

这个笑脸好像给了林鹌女士很大的鼓舞，让她能把后面的想法更加轻松地说出口。

"我想，其实我还想……"林鹌女士眨眨眼，脸庞有一种灵动的光泽，"今天突然觉得，我很想去学舞蹈，像爵士舞那种性感的舞蹈。"

信号又一次发射，企鹅老师的直觉告诉她这里也有一些故事，于是她点头问道："性感的爵士舞，它对你来说意味着什么呢？"

"我是一个女人。"林鹃女士直视着企鹅老师，"离婚的时候，我前夫对我说，我不是个女人。其实这句话一直像根刺一样扎在我的肉里，让我觉得羞耻。"

她偏过头，烫得精致的卷发从肩上垂落，衬着她微微勾起的唇角。

这位诉说着"羞耻"的女人，此刻竟这般耀眼。

"可今天我舞动的时候，我觉得我是一个很柔软的女人，我很美。"她说。

一直以来，她从不在意自己的脸庞是否精致，对她而言，外貌是最没有价值的东西。

她对前夫没有爱，做不到"女为悦己者容"。

她对自己没有爱，装扮自己只是礼仪与教养，没有任何取悦自己、展示自我的意味。

但当那个男人说她"不是个女人"的时候，她却久违地觉得被刺伤了。她以为自己刀枪不入，真的不在乎别人的眼光与评价。然而，只有当痛感真的传达到身体的时候，她才知道她在乎。

她希望自己不仅只是拥有姣好的容貌，更有丰盈的内在。从前，她活在世上都已经竭尽全力，更罔论如何活出

"美"。而现在，面前的障碍已经被一点点清除，她重新有了选择，有了被看见的力量与勇气——

那么，接下来的人生，她要带着"美"的意味活在世上，成为爱与被爱的个体。她要拥有仅凭言谈就能让人忘返的意趣，她要拥有最原始最朴素的情与欲，这是她本该有的东西，是天生就存在于她身体里的能力，它们沉睡了太久，久到连自己都遗忘了。作为女人，她可以仰慕他人，也可以被人仰慕，她可以品味爱情的滋味，那酸涩也甜蜜的果子，她终于可以尝一口。

一个女人一旦有了觉知，她所蕴藏的力量就是无穷无尽的。

就像此刻的林鹗女士，蜕去极致的理智与冷漠，这不过是她伪装自己的道具。此时此刻，她要将它们都丢弃，重新展露敞开的心怀与探索的欲求，她既焕然一新，又忠于本色。

林鹗女士的脸庞透着羞涩的红，宛如晚熟的蜜桃，散发着自然的香甜。

企鹅老师重复了一遍她的话，坚定且有力量。

"是的，你是一个很柔软的女人，你很美。"

"不要在乎过去，也不用担心未来，勇士活在当下，这里！"企鹅老师笑着说道，"你的悲伤与痛苦，恐惧和愤怒，遗憾和内疚，羡慕与渴望都只存在于过去或未来。"

"还有吗？你想要的。我数数，还有六个呢。"企鹅老师突然俏皮地笑了起来。

一直盯着"6"这个数字，林鹑女士本来有些紧张，可听到企鹅老师的笑声后却一下放松了，也不禁笑起来。

本来，倒数在她心里像诅咒一样可怕。她想起小时候，妈妈拿着木头棍子站在她身后，要她练习芭蕾舞的转圈。那呵斥的声音仿佛还在耳边，妈妈说："还有六个，快做。""还有六个，还不赶紧跳起来！"

每次听到这个声音，她的心都会没来由地颤抖，然后跳得越来越快，让她的血液瞬间冲到大脑。

可是，刚刚听到企鹅老师说话的方式，她第一次发现，倒数原来也可以变得有趣。

"还有，我想和我女儿一起去北海道滑雪。

"还有，我想去学钢琴，其实我可以弹得很好，和我女儿一起四手联弹，应该很不错。

"其实有个人追求我很久了，我想，也许可以试试。今年，我给自己找个伴吧。"

林鹑女士的"想要"表达得越来越流畅了。

企鹅老师一边点头，一边记录下来。九宫格的内容越来越多。

"还有一件事我想了很久，只是还没有勇气去实施。我想开始尝试吃素。"

企鹅老师眨眨眼，问道："是什么令你有这个念头？"

"我想为我爸妈做点事。"林鹑女士说道，"听说吃素可以补偿。"

企鹅老师本想说这个不可以，因为这对身体而言是不健康的。但她没有说出口，因为这时候拒绝会打断林鹆女士后面表达的积极性。

"你想为父母做点事，觉得吃素可以补偿，那你自己的感觉与意愿呢？"

林鹆女士抬头看向企鹅老师，带着疑惑的目光。

"是的，我想请你跟你的身体进行连接，尝试跟它对话。问问它'吃素可不可以'。"

林鹆女士深深地吸了一口气，眼神不经意地往下垂，看向左下方，右手轻轻地贴在自己的心脏处。

"你愿意吗？"她轻声问道。

接着，林鹆女士像被坚决拒绝的小孩那样惶恐地抬头喊道："它说不行！"

"是啊，你问问它为什么不行？"企鹅老师引导着。

于是林鹆女士闭上双眼，继续与身体里的声音对话。

她能感觉到，胸口的位置好像有个小女孩，当她提问，小女孩会给予她回应。她就是她，她们居住在同一个身体里，但又是如此不同。林鹆女士知道，她还有很多地方要向这位小女孩学习。

这正是企鹅老师上次引导她看见的婴儿床上的小宝宝，小宝宝已经渐渐长大，现在大约五六岁了。后来，林鹆女士常常可以感受到她。每次想起她，林鹆女士都能够获得一种力量，一种真正作为人活着的力量。

"为什么不行呢？"林鹣女士问内心的小女孩。

小女孩撇过头不理她，过了好一会儿，才气鼓鼓地问道："你和我商量了吗？你从来都是自己做决定。"

孩子的世界从来都是这么简单，是啊，她一直忘了要和自己的身体说说话，聊聊天，她不能一个人任性地做决定。

林鹣女士点点头，诚恳地看向内心那位气鼓鼓的小女孩。

"是的，我之前一直都忘记了要跟你沟通。从现在开始，做任何事我都会跟你商量，你可以原谅我吗？"她问。

如果企鹅老师在林鹣女士的内心安装一部摄像机，就会发现这一幕是多么关键——向自己道歉，与自己和解。

只有真正与自己达成一致，身心才能获得和谐与共鸣。

"我可以原谅你，可你要知道，我们的身体不适合长期吃素。"内心的声音回复道。

林鹣女士突然想起来，上个月她去看了医生，她的经期一直不太稳定，医生说是因为她身体的营养跟不上，得多补充动物蛋白。

"是啊，可是我也想为父母做点事。我们能不能达成一致，这一个月的时间里，我会吃素，我需要你配合我，可以吗？在这期间，我会关注我的内心是否快乐，身体是否健康。"林鹣女士对内心的自己慢慢说道。

"好的，可以。"

身体里的小女孩点点头，答应了。

与自己商量好，林鸮女士露出了大大的笑容，她深深地吸了一口气，第一次觉得连空气都是沁甜的。与自己连接，现在也成了她擅长的事，这是以前的她从未想过的。

这样一种向内走的喜悦，她这段时间常常能感觉到。有一次，晚上睡觉的时候，她甚至在不经意间对自己说："宝宝，我们要睡觉啰。"

她说出口后才觉得好笑，但又感觉很有趣、很满足。后面，她微笑着入睡了。睡眠于她而言不再是可怕的事情，而是喜悦的、享受的。

她回想起近期和朋友们的会面，大家都说她变化很大，气色也变好了，问她是不是去做了面部护理。而她只是笑了笑，在心里回答道：我做了心灵的护理。

心灵需要护理，心灵需要修复。两次咨询，给她带来了好大的变化。

她曾经对企鹅老师说，觉得自己空荡荡的。现在不一样了，她知道她的内心住着一个女孩，这个女孩永远爱她，永远不会离开，永远不会背叛。她不再是孤身一人了，她有了可以商量的对象。那些她从出生起就渐渐丢失的东西，现在竟然一点一点找了回来，重新回到她的心中。

企鹅老师告诉她，她从不曾失去，这些东西一直都在原地。

她只是被点亮了，如同一根火柴被擦亮，火光划破了黑夜。星火燎原，那小小的火焰也越来越大，终于，照亮了她整片天空。

她回想起自己面对椀鸟的心情。

以往，她总是刻意回避与椀鸟相处，哪怕椀鸟应该是她在世上最亲最爱的人。看着椀鸟的脸，她的心会颤抖，她的身体会发出强烈的信号，警告她，让她快点离开。她觉得椀鸟会伤害她，不，她笃定了椀鸟会伤害她——从椀鸟还是个小婴儿，躺在她怀里时，看着她细瘦的手指，皱巴巴的脸蛋，她已经知道，面前这个弱小的生物，终会成为能将她一箭穿心的武器。

或许，对林鸮女士而言，亲缘关系的延续，亦是亲手锻造一柄终将杀害自己的利刃。

母亲与女儿，这段关系缠绕在她的整个人生中。

母亲已经死去，她能修补的，唯有心里的母亲，与内在的小孩。

所幸的是，她还拥有椀鸟。她还能修复与椀鸟的关系。这一段缘分，还有很长很远的路可以走。

林鸮女士从思考中慢慢回过神来，好像过了很久，其实不过是一小会儿。

企鹅老师仍在安静地微笑看着她，不言语，仅仅是陪伴。

"我还想要养只猫。"林鸮女士突然脱口而出，刚才瞬间的安逸让她说出这句"想要"。但很快，她的大脑又开始工作，分析起养猫的利弊来。

听到这句话，企鹅老师也笑了。林鸮女士遵从了当下内心的冲动。她想养一只猫，多好啊。要知道，林鸮女士是很惧怕一切带有生命的动物的。付出真情，就意味着要接受这份情感的离开，这对她来说是很大的突破。

"我还想要，老师，结束咨询之后，你觉得我可以学心理学吗？"林鸮女士紧张地看向企鹅老师，好像迫切地要从她那里得到认可。

"学习心理学无论是自救还是帮助别人，都可以。"

企鹅老师却没有给予正面回应。世界上难以得到的认可是他人的认可，比之更甚的，是自己对自己的认可。

企鹅老师仍然重复着这个问题："学习心理学是你想要的，是吗？"

林鸮女士的眼睛很亮，直勾勾地看着企鹅老师，重重地点了两下头："是。"

"好，那我帮你写上。"

企鹅老师一边在纸上记录着，一边微笑着回望她："林鸮，我只是个记录者，这是你的九宫格，只属于你。我没有决定你想要或不想要的权力，也没有判定你行或不行的资格。"

"如果要我作为专业人士给你建议，那我认为你行。只要你愿意，这件事就一定行。"

在和林鸮女士的两次咨询里，当事人都回到了孩子的状态。但企鹅老师清楚，在一次又一次的咨询中，小孩已经渐渐长大。

林鹑女士的内心，从很久很久以前，就受困于父母而停滞不前，一直处在幼年的状态。然而，两次的咨询让这个小孩慢慢长大了。新的力量的注入，让这个孩子又开始发育、成长。一切都不同了，一切都在悄然变化，走上轨道。

"我们还需要见一次面。"结束时，企鹅老师这么说道。林鹑女士随即点点头。

约定好下次见面的时间后，林鹑女士走出了咨询室。这两次咨询，她的情绪和身体都经历了很大的波动，而当离开咨询室，回归现实世界时，她却感觉到无比畅快。

下一次会发生什么？

她没有想，也不再如以前那样做任何事前都先做好准备。她已经习惯了企鹅老师带给她的一切意外与挑战。回望这段旅程，她第一课学到的，就是"一切都在当下"。

她是理性主义者，但有些事情无法用数据和理论去验证，唯有心证。她已经准备好了，那些当下要发生的，就让它发生。不必紧追，不必强求，不必失落，不必被世事的洪流裹挟——只要你的内心早已经准备好。

内心的声音也跳了出来："你信任吗？"

这个问题像信号传输一样，"咻"地一下钻进了她的大脑，不知刺激了哪个神经元，让她既兴奋，又快活。她不禁笑了一下。原来当她放松下来，她的内心会时不时给她输送一些信息。

"我信任吗？信任谁？企鹅老师吗？"

林鸦女士嘴角上扬的弧度变得更大。

是的，她开始懂得信任了。真正迈出这一步后，她便不再动摇。

"我信任企鹅老师，信任椀鸟，信任我内心的小林鸦……"

每说一个名字，她的内心就更坚定一些。原本，她觉得自己沉在水底，无力地挣扎着，无法呼吸。然而每个名字都让她的脚有了支撑，使她的身体不断向上。现在，她终于露出了水面，呼吸着那甜美的空气。

最重要的是……

林鸦走出大门，仰起头，耀眼的阳光照进心底，一片温暖与明亮。

"我信任自己。我信任我。真好。"

她放声大笑，甚至轻盈地舞动起来。

我爱上自己了。

真好。

第十一章 林鹗女士与母亲的和解

今年的冬天来得格外早。不知不觉间，梧桐树的黄叶开始随风飘落，干枯的枝条被踩在脚下发出清脆的响声。走在路上，随手就能拾一片落在肩上的银杏。还没习惯秋季的到来，转眼又下起了初雪。

企鹅老师和林鹗女士的第三次会面约在了一家咖啡厅。她们事先和咖啡厅的老板商量好，这个角落并不会有人来打扰。一旁的壁炉正烤着火，暖烘烘的，木柴噼啪作响，不时冒出一两粒闪烁的火星，像火焰里的流星。

企鹅老师捧起咖啡喝了一口，歪头笑了笑，说："今天好冷啊。"

"是啊。"林鹗女士眨眨眼。

"你今天感觉怎么样？"

"早上起来有点愤怒。不过现在还好，可能是因为见到你了。"林鸨女士竟有些调皮地回复道。

经过两次咨询，林鸨女士由内到外的改变非常大，无论是精心装扮过的外表，还是略显俏皮的言谈。回忆起初次见面时那不苟言笑的妇人，企鹅老师感慨良多。

听到她的回答，企鹅老师也不禁笑了："那么，今天早上感到愤怒的原因是什么呢？"

"我也不知道。今天早上一起来我就想到椀鸟爸爸，没来由的火气就冒上来了。"

林鸨女士此刻有些恼怒地摇摇头："我在很久以前就发誓，绝不让任何男人有机会抛弃我。我会让他知道什么时候可以离开，这由我来决定！"

企鹅老师看着面前这个骄傲坚决的女人，很是为她开心。

她甚至希望林鸨女士的情绪再猛烈一点，让它们全部爆发出来，像引爆矿洞，让她深埋在地下的能量重见天日。这才是真实的林鸨，有着鲜活的生命力，有着与生俱来的骄傲和底气。她再也不需要筑起高高的壁垒、厚厚的城墙，把自己隐藏在一堵心墙、一张面具背后——上一次咨询，她已经亲自把自己的面具丢掉了。

压抑许久的情感倾泻而出，林鸨女士开始关注并正视自己的情绪和感受，并且还会沿着上次的话题继续深谈。无论是从咨询的角度，还是个人情感的角度，这都是一个非常好的现象。这说明在后续的咨询里，当事人不会再回避要解决的问题，反复在不同的话题间跳跃，而是可以专注其中。

说实话，企鹅老师原本还担心林鸫女士的状态可能会反复，但今天，林鸫的表现让她松了口气。

寒风不断拍打着紧闭的玻璃窗，呼啸而过。

然而，身处室内，在壁炉的烘烤下，竟是这般舒适安宁。

企鹅老师相信，林鸫女士的变化，也会对椀鸟的治疗起到积极作用。

"我喜欢这样的你，你愿意把自己的想法表达出来。"企鹅老师点点头，马上给予林鸫女士一份肯定，"那今天我们聊些什么呢？"

作为心理咨询师，企鹅老师知道这是一个聊情绪的绝佳时机。但她要把主动权还给林鸫，如今正是林鸫开始学习、探索如何掌控自己的阶段。在咨询中，最重要的是当事人想要什么，而不是咨询师会做什么。

就像一支球队打出了绝妙的配合，望着企鹅老师的微笑，林鸫女士顺势说出了自己的诉求。

"我想聊聊我的情绪。"她说。

"我发现我还是会有生气的时候。今天早上我察觉到了自己在生气，就在头顶，这里。"林鸫女士一边说一边用手按了一下自己的头顶，又无意识地在边缘处按了几下。

企鹅老师默默观察着这一切，这些都是很好的现象。觉察分为几个部分：觉察自己的身体，觉察自己的情绪感受，觉察自己在这些情境下所呈现出来的行为——当一个人能够做到这几个觉察，他就可以慢慢探索深层的渴望了。

企鹅老师并未因为这个发现打断林鸮的话。她仍然是静静地笑着，温和地看着林鸮。

"生气的时候，我发现我的身体会紧绷，脑袋好像不停在打转。好多画面涌上来，我的脑袋就越来越胀了。我其实很不喜欢这种感觉。"

这实际上是一种"逃跑"的现象。

林鸮在思维层面突然"逃跑"了，这是正常的。当我们不喜欢某种感觉的时候，逃跑是我们身体的本能。现在的林鸮没有外在力量的引导和支持，要去深入地探索自己的身体和内心感受，是非常不容易的。

"是啊，很多人都不喜欢这种感觉，包括我。"

企鹅老师选择跟随林鸮女士的话语点头："当身体出现自己不喜欢的感觉时，我们第一反应就是要把它掩盖掉。有些人可能会让自己忙碌起来，做点别的事情，试图忘记这些情绪。有些人可能会拿出手机，找一些好玩的视频让自己转移注意力，暂时把这种情绪抛在身后。"

林鸮女士一直睁着眼睛，认真地听着企鹅老师说的每一句话。

"我还有个朋友，每当有些感受让她觉得不舒服了，她就会马上去看她的孩子。她这里看看，那里看看，在孩子的房间里打转。只要发现孩子在做的事有一丁点儿小错误，她就马上出声阻止，而且越说越生气，越说越愤怒……"

企鹅老师就像她口中的那位习惯于迁怒孩子的母亲一样，表情变得狰狞且刻薄。她仰起头，食指一下一下点着桌面，发出急促的敲击声。

"我明明已经告诉过你要怎么做了，你怎么还犯错？这么低级的错误，你要犯多少次才知道改？你什么时候才能变得聪明一点？"

企鹅老师食指敲击的速度越来越快，越来越急，林鸮觉得自己的呼吸也跟着急促起来，心脏在剧烈地跳动。

"这里不对，那里不好……你怎么什么都不会做？我讲都讲烦了，你怎么这么笨？"

演绎的过程中，企鹅老师一边说，一边观察着林鸮的表情。听到最后的时候，林鸮正在她身旁无意识地点头。

来自心理咨询师的直觉让企鹅老师一瞬间脱口而出。

"林鸮。"她突然严肃地喊道。

听到这个称呼，林鸮整个人愣了一下，顿了顿才回应道："啊？"

"这件事你不应该这么做。"

企鹅老师直勾勾地看向她，目光如鹰一般锐利，仿佛要钻进她的内心。

"什么？"

林鸮眨了眨眼，她感觉视野一下子变得模糊了，像站在浴室里，眼前充满了蒸腾的雾气，看到的一切都影影绰绰，朦朦胧胧的。她又眨了眨眼，这时，新的画面出现了——世界"轰"的一声碎裂了，无数纷乱的碎片四处飘散，视网膜还残留着方才的景象，那是企鹅老师，却是她不熟悉的企鹅老师。她睁着大大的眼睛，直勾勾地盯着自己。她不知道温柔的企鹅老师为什么会突然变成这样，但这个画面似乎很熟悉，好像她对椀鸟这么做过，又好像有谁对她这么做过。

那朦胧的、破碎的画面好像长了翅膀，在她眼前飘来飘去，企鹅老师的声音就附着在这些画面上，随着它们飘到她的耳旁。

"你现在需要按一下遥控器上的暂停键——你看到了什么？"企鹅老师的声音问。

林鸮直直地看着前方，不作声，不回答。

过了片刻，她的身体像被冻住了似的，打了个寒战。

"我看到我妈妈拿着一个锅铲指着我。她在说话，说我有什么地方做错了。"

她的声音有些嘶哑，这是极端恐惧过后的烙印。

企鹅老师沉静而有力的声音却不容她退却："你现在身体的感受是什么？"

"我好想躲起来。"林鸮疯狂地摇头，"我怕她会把那个锅铲扔向我，我很害怕。"

"这种感受在你身体里的哪个位置？"企鹅老师问。

"在我的胸口。"

她用手抚摸着左胸口的位置，好像还能感觉到那灼热的疼痛。

疼痛一下比一下强烈，林鸮紧紧抓着胸前的衣服，把自己的身体蜷缩起来。

她讨厌这种感觉，她觉得很不舒服。她好像在很久以前就经历过了，只是强迫自己忘了，假装一切都不曾发生过。

企鹅老师的声音像从极遥远的地方缓缓飘来。

"这种感受有形状吗？"她问。

"有，"林鸮紧紧闭着眼，她努力想把这一切描述清楚，"它是不规则的椭圆形，外面有刺，就像一只刺猬。"

"这个刺猬的形状让你有什么感觉？"企鹅老师继续问道。

很痛。

林鸮女士还没能说出口，身体已经挣扎着给出了答案。

她忍不住皱起眉头，摇着头说："扎得我很痛。"

"你做些什么，可以让这种痛感少一点？"

"做什么都没用，就是很痛。"林鸮的头摇得更加厉害。

这阵疼痛像有生命一般，开始在她的身体里缓慢游动。很快，她感觉自己的左手抬不起来了，像被灌满了沉重的水泥。

同时，她的左手指尖开始颤抖起来，像在狂风暴雨中飘摇的树叶。她想竭力控制，却怎么也控制不住。

企鹅老师注意到了她的异样。

"手怎么了？"

林鸮想要攥紧拳头，手指却不听她的使唤，只是微弱地动了动。

"我不知道，我不知道……"

她焦躁地摇着头。

这时，企鹅老师轻柔地抚摸她的手臂。奇怪的是，被企鹅老师触摸过的那块皮肤，居然瞬间失去了痛感。

企鹅老师明白，这一阵突如其来的疼痛并非因为林鸮女士的身体出了问题，而是与心理有关。她缓缓地摩挲着林鸮女士的手臂，让当事人知道她与她同在。

"能告诉我吗？手臂上受过什么伤？"

企鹅老师的声音很轻，落在林鸮的耳朵里却像平地里的一声惊雷。她整个人又颤抖了一下，先前那种恍惚得如堕雾中的疼痛感渐渐有了源头，有了清晰的线索。

"骨折过。"她听见自己这样回答企鹅老师。

是的。她几乎都要忘了。手臂上的伤口，正是她离开医院的原因。

她从来不多解释，也从来不去想起，她强迫自己忘掉，是的，在今天之前的每一天，她都成功地忘记了。

她的左手手臂骨折过，于是她提不动重物，拿不稳手术刀，没办法打出漂亮、利落、完美的手术结。于是她辞去了医院的职位。

她并非真正喜欢当医生，并非拥有多么崇高的使命感。

她只是碰巧在学生时代遇到了一本厚厚的、让人敬而远之的医学教科书。她的挑战欲作祟，令她选择了这条路。

她想象过不当医生的人生，但从没想过被迫离开这个岗位的模样。

若非企鹅老师提起，她可能永远都不会允许自己主动想起来。

"是怎么受伤的？"企鹅老师的问题一向犀利。

空气在此刻微妙地停滞了，企鹅老师安静地等着，她知道林鸮女士的答案，也知道林鸮女士会回答。

林鸮垂下眼帘，淡淡地笑了笑。

"我自己弄的。"

其实若要真正回忆那一天，她已经什么都不记得了。

不记得前因，因为太混乱；不记得后果，因为太痛苦。

那是和椀鸟爸爸的一次争吵，异常激烈，彼此已经把那些不堪入耳的话都抛出来了，仿佛寄望于话语如利箭，能将对方一箭穿心。

他们之间不曾有过轰轰烈烈的爱，却有无穷无尽的争吵和疼痛。一开始倒也算相敬如宾，因为无话可说，不如沉默相对。她从未抱有希望，也就不曾失望。但椀鸟爸爸或许并非如此，他对有着背景的林鸮是有"意"的。

这个"意"是什么，却很难说清。后来的故事变得越来越糟糕。

那天，椀鸟爸爸要离开，而她挡住了家门。

128

她对他没有爱，但椀鸟有，她不希望椀鸟一如往常地放学回到家时，却发现爸爸不见了。

这一隐忧曾经困扰了她的整个童年。

每一天，她睁开眼睛，从床上爬起来，看到父亲洗漱、吃早饭、打领带的身影，这个念头就攫取了她的所有理智。

她知道她的父母没有爱，她知道爸爸不爱她，不爱妈妈，不爱这个家。

尽管她心知肚明，也从来不曾让这份担忧减少分毫。

每天放学，她会第一时间收拾书包，离开校门。在路上的每一分每一秒，她都会忍不住猜测爸爸这时候是不是在收拾行李——她总是在猜测他准备怎样离去，或许什么都带走了，或许什么都不带走。她不懂父亲，从来不懂。这份隐忧会在父亲已经下班，却还未归家的时间里不断被她放大，像滚雪球那般。她会一边做作业，一边盯着时钟，她恐惧父亲就这么离开，因为她知道父亲离开后便不会再回来——哪怕，哪怕父亲准时回了家，这份恐惧也会在太阳降临的新一天，重新，继续，折磨她。

没有人比她更清楚这种折磨。

她决不能让椀鸟也经历这些。

于是她拦住了男人。她没有勇气留住自己的父亲，但至少要留下女儿的爸爸。

她用左手手臂挡住了男人要关上的门，手臂被狠狠夹住的时候，她竟然感觉不到一丝痛。

说实话，这根本比不上妈妈第一次打她的十分之一。

但男人还是被吓到了，甚至往后退了几步。

原来这样就能把这个男人震慑住，当时，她想的竟然是这个。

于是她更用力地推开门，一次又一次往自己的手臂上砸。她数不清自己砸了多少次，只记得她的眼睛已布满泪水。她不觉得痛，只感到疲倦，她听到男人喊她"疯子"，她笑了，狂笑不止，咸涩的泪水也滴落在唇边。

她想，如果这就是疯，那说明这个男人从来没有真正看见过她。

那说明她的呐喊、咆哮、呻吟，太小声、太含蓄、太隐晦。

不然爸爸怎么会无数次轻轻地拧开门，钻进房间，去看他那本不知看过多少遍的书？

"你说对吗？"

林鹉女士的眼里噙满了泪，她的嘴唇颤抖着，像两张薄薄的纸片。

企鹅老师看着面前绝望而无助的女人，轻轻点头，目光蕴含了深深的疼惜与怜爱。

她知道，女人的追问并不是为了一个答案。

在过往的人生中，她其实无数次质问过自己。

这样无声的呐喊在女人的灵魂深处回荡着，激烈地碰撞着，发酵，沉没。

"我知道。"企鹅老师看着面前的女人，视线极其轻柔，缓缓扫过她的额头、眉毛、眼睛、鼻梁，还有诉说这一切的双唇。

"我知道的。"

企鹅老师的声音带着抚平一切伤痕的力量，洗濯了女人身上所有的尘埃。

在企鹅老师的安抚下，林鸮女士又缓缓闭上了双眼。

聊到这里，企鹅老师明白，面对林鸮女士内心这份情绪，要直接处理可能并不容易。她继而转变方向，打算以事件的画面作为切入点。

"林鸮，我还记得，之前你看到了妈妈拿着锅铲指向你的画面。"企鹅老师继续问道，"它是彩色的还是黑白的？"

林鸮迟疑了一会儿，答道："彩色的。"

"是像电影一样动态的，还是像照片一样静止的？"企鹅老师问。

林鸮看着视野前的画面，妈妈一动不动，表情凝固在了正要叱骂她的瞬间。

这是照片，照片里的妈妈是不会动的，所以她也听不到妈妈的声音，林鸮想。

"照片。"她回答道。

"好的。"企鹅老师点点头，"这张照片有边框吗？"

这一次，林鸮女士的声音不再犹疑。

"有，黑色的。"

她的声音像从喉咙里挤出来似的，脸上交织着怨恨、愤怒与悲伤。

"这张照片有温度吗？"企鹅老师又选择了一个新的角度提问。

如果此刻有旁人听到这段对话，大概会觉得匪夷所思——照片怎么会有温度？但沉浸在对话中的林鸮马上回答了。

"热，很热。"她笃定地说。

企鹅老师接着问："你在这张照片的里面还是外面？"

"外面。"

"你是能看到这张照片的，对吗？它离你是近的还是远的？"

"很近很近。"

林鸮用手掌紧紧捂着自己的脸，不安地摇着头："就快把我压倒了。"

听到林鸮的描述，企鹅老师认为这也许是张很大的照片，于是她问："这张照片有多大？"

"像我的脸这么大。"

"嗯，好的。"企鹅老师有一个笔记本，询问的同时，她也在纸上记录下这些信息。她准备通过调整林鸮眼前的画面，让她内在的负面情绪和感受慢慢减弱。

记录好需要的信息后，企鹅老师开始行动。

"接下来的时间，你会像一个魔法师。"她对林鸮说，"你拥有一个神奇的遥控器，可以随时对你看到的画面进行调整。当你感觉自己手上有了这个遥控器的时候，对我点点头。"

林鸮女士缓缓闭上眼，过了一会儿，她点了点头。

"现在我想请你把你看到的这张照片调小一点，小到和你的手掌一样大。你可能需要按到遥控器上的某个按键。"

耳边流淌着企鹅老师的声音，林鸮女士慢慢抚摸着手里的遥控器，它小小一个，上面有着简洁的按键。

她按照企鹅老师说的方法，按了其中的蓝色按键。照片发出"咔嗒咔嗒"的响声，慢慢缩成了手机的大小，躺在她的手上。照片变得那么小，那么脆弱，仿佛不堪一击。

林鸮女士深吸一口气，点了点头。

"非常好。"

企鹅老师继续说："现在我想请你把这张照片放到一个令你觉得舒服的位置。"

看见身旁的林鸮女士皱紧了眉头，企鹅老师又继续说道："我知道在最开始移动它时会很难，有些人会借助魔法的力量移动照片，我很好奇，你会用什么样的方法呢？"

在企鹅老师说出这句话的瞬间，林鸮女士原本紧锁着的眉头居然舒展开了。

她觉得自己凭空得到了一股力量，伸手轻轻一推，照片就像乘在船上，缓缓远去了。

观察着林鹆女士的神情，企鹅老师知道，她已经得到这份力量了。

企鹅老师点点头："是的，这份力量还可以帮你做很多神奇的事情。"

企鹅老师并不知道这份力量源自哪里，但她隐隐感觉到了一位男性的轮廓，是个上了点年纪的男人，应该是她的父亲吧。但她没有急于去求证她所感受到的林鹆女士的内心画面。

企鹅老师接着说："现在，我想请你将这张照片的边框换个颜色。换成什么颜色会让你觉得舒服呢？"

顿了一会儿，林鹆女士突然"扑哧"一下笑出了声。

她抹去眼角的泪痕，扬起头说："我要换成很嫩很嫩的粉色。"

"粉色，真好啊。"企鹅老师也笑了，"当换成很嫩很嫩的粉色的时候，这张照片里面的色彩会不会有变化呢？"

林鹆女士点点头，开心地笑了。

"好像有一朵朵粉色的梅花从照片上面掉下来了。有些梅花花瓣还掉到了锅铲上面，掉到了妈妈的围裙上面。"

很明显，林鹆女士内心那个灵动的小女孩又出现了。

这样的变化让企鹅老师兴奋起来："这个画面看起来很有趣。那画面里的小林鹆，她会有什么变化吗？"

林鹆女士认真地感受着："她好像可以动了。她左边动一下，右边动一下，在活动着手脚。她好像有点站麻了。"

企鹅老师看到林鸮女士的身体也开始左右移动，不再僵立在原地。

一切都是这么美好，企鹅老师想，一个人的灵性、智慧、解决问题的方法，都是独一无二的。每次探索到当事人内在的解决策略时，她都不禁惊叹于当事人那奇特却卓有成效的处理方法。

身体会给出解决一切问题的方法，心理咨询师只是一个引路人——这也是企鹅老师喜欢自己这一身份定位的原因。

"现在，我想请你用自己的身体表现这张照片。"

企鹅老师邀请林鸮女士进行角色扮演："首先请你扮演小林鸮的妈妈。请从你的座位上慢慢站起来，你可以继续闭着眼睛。你举着一个锅铲，从厨房冲了出来。有梅花落在你的身上、围裙上、锅铲上，这时候，你的身体会有什么变化吗？"

企鹅老师看到林鸮女士站起身，左手叉着腰，右手仿佛举着一把锅铲，晃了几下，跨步顶出去，好像在跳舞一样，表情非常轻松。

"好，非常好。"企鹅老师说，"现在我想请你变成小林鸮的样子。你站在小林鸮妈妈的对面，看到妈妈拿着一把这样的锅铲，在你面前舞动，你会有什么反应呢？"

林鸮女士的身体移动了一下，好像她已经变成了小林鸮。她歪头看着面前的景象，身体慢慢地蹲了下去。

突然，她捂着嘴巴大笑不止，笑声像悬挂在窗边的风铃，凉风掠过，叮当作响。

她说话的声音也变得断断续续。

"妈妈，你这样太搞笑了。"

她"咯咯"地笑着。

"妈妈，我好爱你啊。"

说出这句话后，林鹃女士瞬间回过神来。

可是身体里的小林鹃还在和她呆呆地对视着。小林鹃的眼睛里渗出了眼泪，是因为刚才笑得太开心了。她看着这个陌生又熟悉的小女孩，小女孩也看着她。同一个身体里，不同时空的两个灵魂面面相觑。

她想起了自己刚刚脱口而出的话。

这是一句她从来没有说出口的话，也是一句她从来没有想象过自己会说出口的话。所谓的"爱"，被她弃如敝屣，她以为这就是结局。然而，原来它一直存在着。爱是无法被舍弃的——它从被她丢弃的那天起便一直蛰伏在她内心深处，四十多年都未曾袒露。

她本以为爱很难，她本以为自己对妈妈只有恨。可当说出了"爱"后，她身体里那种空虚、紧绷的感觉却一瞬间消失了，像卸下了重重的行囊，呼吸都畅快起来。

或许是这样呢?

她虽然从来不敢相信，但或许这是真的?

妈妈爱她，她爱妈妈。

这爱让她窒息，让她受伤，让她沉沦到要伤害自己，甚至无意识地伤害了自己的女儿椀鸟。可是，又如何证明这不是爱？小时候不被宠爱的孩子，长大后也会渴望依恋，这份影响是根深蒂固的。她不敢承认她对爱的渴望，把自己装扮成了不需要爱的冰冷的模样。她有太多的话不曾说出口，她被过去的阴影捆住了手脚，禁锢了自由。今天，她是为了自己说出这句话，她是为了自己才说出爱——

她承认了她的爱，用来兑换她的心安。

母亲的灵魂在她还未察觉的时候就盘旋在上空，终日笼罩着她。这一张巨大的网密不透风，鸟儿的翅膀被缠绕着、撕扯着，无力地扑打挣扎。

她也认命。网是束缚，也是荫护。既然鸟儿逃不出去，那就放心地躲在网下，日复一日地活着。

然而就在这一日，鸟儿说出了"爱"。

鸟儿眼睛里流出灼热的眼泪，汇聚成了滚烫的河流，以至于把长久缠绕在身上的网融化了。

它费力挣开网，久未使用的翅膀还略感僵硬，不过一两个动作便让她疲惫不堪。可是抬头望去，却能看见有一两只鸟儿在天上盘旋，不时嬉闹，呼啸着远去。

原来爱是咒语，是能融化这张网的咒语。

鸟儿竭尽全力站起身，拍打那双疲倦的翅膀。它感受到了风，感受到了久违的飞翔的感觉。它晃晃悠悠地乘着风，身形是那样摇晃，心却又那样坚定。

"是的，非常好。"

企鹅老师读懂了她的表情，及时给出了反馈。

"现在，我会请你慢慢睁开眼睛。你会看到我，看到这个房间，看到我们现在的样子。"

林鸮女士缓缓睁开双眼。一开始，她看到企鹅老师的嘴巴一张一合，而她似乎处于真空玻璃罩里，什么都听不清楚。慢慢地，万物如潮水退去，企鹅老师的声音由远及近，渐渐变得清晰。

她当时还不知道，接下来与企鹅老师的对话，会真切地改变她以往认为的真实。

"现在你想起妈妈拿着锅铲指着你的画面，会有什么样的感受？"

企鹅老师微笑着看向她。

林鸮女士眨了眨眼，一时没有说话。

待心绪平复了一些，她歪过头，也不禁笑了："我感觉还蛮有意思的。"

"是啊，我们的大脑是个很有意思的剪辑师，也是个手法高超的魔法师。"企鹅老师调皮地挤了挤眼睛，"你可以剪辑你想要的画面，甚至可以去修改，让魔法师帮你改成你想要的画面。"

橙红的火光在壁炉里升腾，映在两人的脸上，显得无比温暖。

第十二章

林鸮女士关于父亲和丈夫的课题

　　柴火燃烧的噼啪声响，在仿佛凝固的时间里悄然蔓延。林鸮女士觉得自己的身体一下子放松了，在寒冬里一间温暖的咖啡店，她感到了久违的自由。这自由不止关乎单纯的躯体，还存在于某种更高更远的维度。

　　至少，她的心是自由的。

　　企鹅老师脸上扬起温暖的笑容："我们记忆中的画面可以修改，我们的情绪也可以修改。你现在已经拥有了这种能力，就可以自己在家做一些尝试了。"

　　突然，林鸮女士问道："那我也可以修改我和父亲之间的画面吗？"

　　她像抓住了救命稻草一样，猛地向前探出身子，握住了企鹅老师的双手，眼神直勾勾地看着她，急促地发问道：

"就算这件事不是真的，我也可以把它改成我想要的画面吗？比如我看到他和外面的小孩玩得很开心，关于这个记忆，我可以把那个小孩换成我自己，是吗？"

还没有等到企鹅老师的回答，林鸮女士继续追问着，声音里的那份渴求不加任何掩饰。

企鹅老师欣慰地看着这一幕，她知道，释放过后的林鸮女士，已经能够坦然面对自己的情感。

"我们出生时，便被充分赋予了爱与被爱的能力。其实你和父亲之间充满感情与爱意，你只是需要把那些深处的画面再回忆起来，把它们存储在你的脑海里。"

企鹅老师的声音不急不躁，慢慢地安抚着林鸮女士的情绪，这份温和的疗愈通过声音的磁场渐渐进入她的内心。她平静了一些，像站在小河边，感受到一阵清风缓缓拂过面颊，又像是严冬时坐在篝火前烘手，似乎回忆起了一些爱与呵护。她的肩颈逐渐舒展，情绪也变得平缓。

"现在我很想问你一个问题，你理想中的父亲是什么样子的？"

她们之间突然陷入了一阵沉默。

但企鹅老师并不着急，她知道此刻的林鸮有力量说出这些话，这些天里她的变化已经十分明显，她只是还在慎重地、慢慢地走出这一步。这需要时机，企鹅老师耐心地等待着。

过了一会儿，大概是壁炉里的火苗弹跳了三四个来回的时间，林鹨女士开口了。

她说了四个短句，这四个短句像鼓点一样连贯有力，又像雨声一样柔美破碎，它们承载着林鹨女士的苦难和愿望。

"像个男人、有责任感、有力量、会保护我。"

每说一个短句，就会有一个画面冲进她的脑海里。那些过往的回忆像电影一样在她的脑海中穿梭，那些不愿提起的、想永远保留的，那些明亮的、灰暗的、若明若暗的，都一齐涌上心头。仿佛那张熟悉的面孔此刻就在眼前，带着背后无数的回忆，这一次她用心地看着，她不想再压抑自己了，她的身体比她的意识率先有了反应——她的声音逐渐哽咽，眼泪控制不住地掉了下来。

她看见了父亲，那个夏夜里，和她一起坐在阳台上看月亮，手指还夹着一根卷纸烟的父亲。她被记忆带回了过去，皮肤隐约能感受到那时候的温度。那夜的风是这么安宁，吹在脸上，没有一丝燥热。她和父亲坐在阳台上，阳台的角落养着几株藤蔓植物，最高的那株快攀到了别人家的栏杆，还开了三朵淡蓝色的花。她听见黑暗处隐约有猫的叫声，若隐若现地点缀着这个悠凉夏夜。她抬头看着挂在远处的月亮，它是那么明亮，让近旁的每颗星星都黯淡地隐去身躯。而她的父亲与她是这么近，她看到父亲的嘴唇上下碰撞着，在诉说着某个故事，他年轻时的故事。这故事仿佛热气球上垂下的一根绳子，她情不自禁地抓住这根绳子，做梦一般，爬进了父亲的童年。

父亲也有童年，父亲也曾执着过，父亲也曾是顽皮的孩子，他会爬过围墙去追一只小小的蜻蜓，会穿着刚洗完的衣服在雨天的水洼里蹚水，会把伞给出远门的陌生人。父亲也曾被同龄人霸凌过，那天夜里他吓得不敢走夜路，哆哆嗦嗦地到后半夜才跟着一位邻居回了家。父亲会被那些暴脾气的老师教训，不时在教室后排罚站。父亲也有自己的宝藏，他悄悄地把日记本写满了，又悄悄地藏在盒子里，埋在了树下。父亲会日复一日贴心地照料一朵花儿。

父亲离她是这么近，她轻轻动一下身子，手臂的皮肤就会贴上父亲拿烟的左手。父亲会惊慌地缩起手，生怕她被香烟烫坏了。直到确认没有伤害到她，才又回到自己的世界里。

父亲，她的父亲，也这么爱护过她。她也曾成为父亲的那朵花儿，被细心地呵护在心尖上，被举得高高的，像远处的那个月亮。在爱里的她身上散发着柔美的光，把星星们都比下去了。

而此刻的她离这一切是这么遥远。如果一个人曾经拥有过无与伦比的美好，那么当这些美好消失时，便会像针一样深深地扎进心里，越是美好越是痛苦。但她知道，她不需要忘掉那些不被拯救的记忆，不需要忘掉爸爸厌烦时皱起的眉头，不需要忘掉爸爸轻轻离开的身影，不需要忘掉那些被伤害之后独自熬过的夜晚，不需要忘掉自己无论哭喊得多大声，都无人回应的曾经。

那些痛苦，她不可能忘记。

但企鹅老师让她明白，深陷于痛苦的旋涡没有意义。

有很多人和林鹆女士一样，常常会沉溺在痛苦之中。在他们的童年和成长过程中，那些负面的情绪记忆成为成长期和成年期的行为导向，痛苦已经变成了一种熟悉的情绪，人一旦脱离了这种情绪，反而会产生不适和空虚感。人们会本能地复制痛苦来增强控制感，越是抗拒痛苦、否认痛苦，痛苦越是会被不断强调，让你的情绪进入恶性循环。

而脱离这个恶性循环的方法就是：

如果你有爱，承认它。

如果你有恨，承认它。

如果你还记得那个让你深爱着的瞬间，承认它。它还是如此美丽。

如果你还记得那个让你痛恨着的瞬间，也承认它。这份经历是你的一部分，又何尝不是另一种美呢。

企鹅老师的声音适时地响起："是的，这是你真实的、却再也无法拥有的父亲。"

"假如此时此刻他出现在你眼前，你想对他说什么？"

林鹆女士闭上眼睛，顿了几秒，然后缓缓舒展身体、伸出双手，做了一个拥抱的动作。

她想抱紧那个记忆里的父亲，那个温暖的，像细心呵护一朵小花一样呵护着她，像高高望着月亮一样满眼是她的父亲。她已经好久好久没见过父亲了，她甚至有些记不清他的面容了。记忆太过久远，又因为过于思念而清晰得宛如昨日。林鹚女士的眼泪止不住地往下淌，像无声的、流动的河流。

"我爱你。"

她的声音近似叹息，却又饱含依恋。

"爸爸，我爱你。"

林鹚女士闭上双眼。

"我好想你啊。"

这份对父亲的爱和她的眼泪一样缓缓流淌着，企鹅老师知道她已经学会了和这份心境相处，而接受就是改变的开始。在林鹚女士的心里，父亲带给她的痛苦也随着这句爱和想念慢慢消融了。

而此刻，林鹚女士的脑海里又静静浮现出一个画面，是她的前夫。

这两个在她生命中占据重要地位的男人，关于他们的回忆都在今天被触发了。与父亲和伴侣的关系，像紧密联系的两个课题，接踵而来，她无法躲，也逃不掉。

她回忆起了前夫，想起他对着同事说起自己的出身，说起自己寒窗苦读的模样，说起自己是如何在极其恶劣的环境下克服困难的。谈论这些时他脸上的表情稀松平常，当提及那些苦难的时候，甚至有一些疏离感，像是在谈论别人的故事，不时还会调侃一下自己，并不自怜，也不自夸，不卑不亢。于是她注意到了他，那也是她第一次开始认真观察这个男人。

后来的事情发展得几乎顺理成章，他也依靠她在医院站稳脚跟，从此事业平步青云，成为众人眼中羡慕的模样。

她曾经问过椀鸟对爸爸的感受，当时，女孩先是愣了一下，显然没有预料到妈妈会问这个问题，也从未为这个问题做过准备。然后她眨了眨眼睛，头慢慢垂了下去，几秒之前的灵动气息在女孩的脸上渐渐暗淡了。她大大的眼睛里瞬间涌出眼泪，像是用尽了全力才发出一些声音。

椀鸟那时候哭喊着摇头，说："我不想选。"

她这才反应过来，椀鸟误会了，她以为是在问她离婚后想跟随谁一起生活。而她的答案是"不想选"，因为选不出来，她谁都舍不得。没想到这个被误会的问题揭露了椀鸟内心的煎熬，那些痛楚和眼泪此刻就这样一滴滴落在自己面前，林鹨女士也沉默了，她不作声，静静地陪着椀鸟。

他的前夫或许犯下了很多错误，但却是一个让孩子留恋的好爸爸。

第一次，她感觉自己并没有那么讨厌他。

其实这个男人身上也有那些特质——"像个男人、有责任感、有力量、会保护我"。

她在选择的时候就已经不自觉地把一些对父亲的期望投射在他身上。只是她以前被仇恨蒙住了双眼，没能看见。

当恨意被稀释了以后，留下来的，是某种长久被忽视，却终于翻涌而出的情感。那是一份被封压了很久的情感，当重新感受到它时，她与它更像一场久别重逢。

有一种因感动而升起的喜悦充斥着她的身体，从脚底一直攀到了头顶，游走过四肢百骸，打通了每一根血管。她清晰地感受到自己是被爱着的，一切是踏实的、美好的，而她是懂得爱并拥有爱的。她在这个世界上存在着，并且她的存在不因任何人的看法而改变，她是为了自己而存在的。

以前那些不安的、卑微的、自怜的、孤独的感受仿佛离她远去了，而现在这份不知来处，却千真万确的自我价值感让她雀跃而安宁，仿佛又回到了那个在父亲身旁沐浴着悠然晚风的夏夜。

神奇的情绪分类法

这时，企鹅老师的声音缓缓传来。

"我们有一个神奇的情绪分类方法，来分辨混乱的情绪：难受、愤怒、喜悦，悲伤。"

林鸦女士把双手枕在脑后，开始思索企鹅老师的话。

刚刚提及的四个词语现在就飘在她面前的空中，一闪一闪，好像带着特效似的。每个词语都有不同的颜色和形状。看着这四个词语，她发现，自己可以立即删除掉"喜悦"——她已经很久没有体会过喜悦了，直到刚才。接着视线移动到下一个词语——"愤怒"，这很熟悉，她了解愤怒，因为她时常感觉到愤怒。

只要她握紧拳头，便能清晰地感受到愤怒像有形的气体一样，在身体里盘旋、上升，让她整张脸都涨得通红。她不由自主地绷起身体，觉得自己必须做点什么。她伸出手，开始一下接一下地用拳头在地板上捶打。有无数的话语要从她的胸腔里钻出来，她的嘴唇开始抖动，她的声带开始共鸣，喉咙发出了声音——那是无比愤恨的咒骂，像箭一般射出："你为什么不回家？"

她的拳头还在地上砰砰作响。

"为什么？为什么要和他一个样子？"

如上次的咨询，企鹅老师并没有阻止她这类行为。随着这个动作的发生，此时此刻，林鸦女士内心愤怒的对象也清晰起来。她的话语从父亲自然地承接到她的先生身上，这实际上是治疗过程中一种很好的觉察。林鸦女士在内心觉察到了二者之间的联系，并尝试自己解决，这说明一切都处于正轨。在心理咨询中，一切疗愈的发生都是当事人创造的，企鹅老师每天都在见证这种奇迹。

而论及"悲伤"，林鸦女士也很熟悉。在这里，她看到了小时候的画面。

那是她家的老房子，她已经很多年没有回去了，说不清是出于什么原因，归根结底，还是不想一个人孤零零地面对。

她的故乡温暖，湿润，四季如春，植物在这儿都生长得很好。树木有高高的树干，大大的树冠，街道两旁总是开满鲜花，花团锦簇，争奇斗艳。来到她故乡的，没有人不会称一个"美"字。

那间老房子是外婆外公留下来的，留给了妈妈，妈妈又留给了她。

这所房子太大了，有太多的房间，所以爸爸总能顺利地找到其中一个，然后躲进去，装作什么都没有发生。而她也总能挑中一个小房间，躲进去。刚开始，她还知道自己在躲什么，为什么而躲——后来，便在时光的流逝中一点一点忘掉了。

她看见了，那个熟悉的小房间。

这间房好像曾经是个保姆房，后来渐渐成了杂物间。她时不时会躲在这儿，因为大家都想不起这个房间，正如她也希望大家想不起她来。

房间太小了，很逼仄，周围一片黑暗。空气很闷，但她不敢打开房门，也不敢打开窗，因此狭小的房间里吹不进一丝风。那应该是一个夏天，她浑身都被汗浇透了，却一直没有走出那间房。

因为她是自己躲进去的。她看到了那个头埋在膝盖里哭泣的自己，小小的她如此难过，却不敢发出一丁点儿声音。她在悲伤，也在恐惧，她不想让任何人知道。她知道结果会是什么，妈妈会问她，我对你很差吗？你这是对我不满吗？她会沉默着不回答，妈妈便会再一次打她——而爸爸，他是外来的"租客"，只会在这里吃饭和睡觉。你能要求一位租客做些什么呢？

没人了解她这份悲伤，没有人在意。她就这么躲着，隐忍着。后来，她把一部分的自己永远留在了那里，日复一日，默默地哭泣。于是后来的她不再完整。

她的悲伤被剥离了，因此，离开家乡的她不再哭泣。

会哭泣的她留在这间小房间里，终日受困。

身体里突然有个声音冒出来："今天就让这个女孩从房间里出来吧。"

不要再哭了，不要再一个人躲着哭了。

她要放声大哭，她要让人听见她的悲伤。

事实上，她现在就能感觉到变化——那份充满能量的愤怒，好像给了她好大好大的力量。她想马上去吃，去做，去行动。她甚至有了力气去悲伤。

林鹋女士突然从地板上站了起来，她的动作极快，令企鹅老师都愣了两秒。

突然，她听到企鹅老师的声音从空中飘来，回荡在耳边，问她："难受吗？"

"难受"是离她极其遥远的一个词语。

她不太清楚什么是难受。和所谓的丈夫生活在一起的时候，他就常常说自己难受。

他说起了压力，说起了焦虑。但她对"难受"没有什么经验——对这种抱怨"难受"的男人更没有什么耐性，因此也没作多少表示。

她原本认为，一个男人不该说出这种话，显得矫揉造作，所以当听到丈夫说起自己的感受时，她通常会一言不发，转头就走。她完全不想接受这个男人的情绪，她觉得没必要，更没有这个心情。

可是，她好像看到了，看到妈妈出现在她当时的身体里，操纵她的身体，操纵她的心。

她听见自己说："我从来没有满意过你，你就是一个没本事的累赘。"

而椀鸟爸爸的表情，像针一样戳着她的心脏。

那个多年以来的阴影终于压垮了她，她一直害怕自己变成妈妈的样子，她发誓不要成为妈妈这样的人——结果呢？她却在无意识间不断模仿，延续了妈妈的想法和行为。如果不是这样回过头看，她甚至察觉不出她和妈妈的相似之处。

"不要，不要。"林鹆女士喊叫起来，疯狂地摇着头，"我好难受，我好难受，我不要，我不要。"

"林鹆，他走了，你就自由了。现在没时间难过，你要做的是把自己收拾干净。"

一道柔和的声音一直在耳边提醒她，指点她。

"小心你的袖子，林鹆，我闻到焦味了，厨房里是不是还在煮东西？你做事情总是这么粗心，什么事都干不好，你要我怎么放心你……"

耳畔的声音如雷贯耳，让她的身体摇摇欲坠。她突然想到，企鹅老师就站在身边，她紧紧地抓住企鹅老师的手，仿佛溺水的人抓住了一根浮木。她睁开双眼，泪水汹涌而出。

"帮帮我，帮帮我！"她哭喊着。

企鹅老师蹲在她面前，平视她的眼睛："可以的，你需要我怎么做？"

"我知道你是为我好，可我不需要，我能照顾好自己的家庭。"

猛然间，企鹅老师意识到，林鸮女士把自己当成了她的妈妈。

她点点头，用力反握住林鸮女士的手。

"是的，你可以照顾好你的家庭。我要做什么吗？"

"我要你信任我。"林鸮女士的身体如秋叶一般颤抖着，眼泪不断从眼眶里滑落，她哽咽着说，"妈妈，妈妈，为什么你不相信我呢？我一直都好努力，想满足你的一切期待，我真的很努力，可还是做不到啊！"

企鹅老师忽略掉后面的话，只是回应前面的问话。

"可以的，我相信你，我相信你可以做到。"

"真的吗？"

"真的。"

"你和爸爸都会相信吗？"

"会。"企鹅老师的声音无比坚定。

这一个字掷地有声，林鸮女士觉得自己的心仿佛被什么击中了，身体瞬间充满力量。这股力量让她得以挺直脊背，高昂头颅。

这是一股感激的力量，一种被关怀后的温暖。

她终于发自内心地觉得，母亲走了，也一并带走了那些不可言说的爱与恨，绝望与束缚，阴影与恐惧。

她给了一个女人生命，为她提供吃穿与衣物、陪伴与照料，但也给她的生命留下了不可磨灭的痕迹。她让她习惯了被伤害，习惯了忍受疼痛和谩骂。她留给她金钱与房子，唯独没留下任何亲人。

前路空空荡荡，没有任何绊得住她脚步的人和事。

后路却不敢回望，她分辨不清自己是幸运抑或不幸。

然而，伴随这一声肯定，她觉得长久以往绑住自己的那根无形的线，就这样断掉了。她动了动身体，体会着自由的滋味，心里既有迷茫又有感恩。往后的日子是怎么样的，她不知道。从前她不敢展望，也不敢迈步前行。可是现在，她好像终于没有理由不往前走了。

往后就是新的一天，新的世界。

她会有新的关系，新的感情，新的境遇。

她想成为新的林鹃。她以前很讨厌这个名字，因为这是父母擅自给她的，她没有权力拒绝。可是，现在念出这个名字，她的内心已经不再抗拒。其实，她抗拒的不是这个名字，而是这个名字背后代表的身份——今天，终于，她接受了自己的存在。

和父亲、和母亲的这段关系终究还是达成了和解。迟到了这么多年，她终于寻回了父母的肯定与信任。

林鹃女士的心情渐渐恢复平静，她找到了答案，于是不再困惑，不再迷茫。

她的意识也渐渐变得清明。对于刚才将企鹅老师错认为母亲的那一幕，林鹨女士和企鹅老师好像没有察觉到任何特别，很快就恢复到咨询师和当事人的关系。

壁炉的柴火还在接连不断地发出响声，这是象征温暖的声音，让人的心也倍感平静。林鹨女士歪过头，静静看着火焰流转的形状，思绪仍在畅想着未来的生活。"未来"这个词，于她而言，第一次充满了新鲜与希望。自从椀鸟发生了那件事后……不，她从小到大，都不曾对未来有过期待。未来是不受控的，她无法掌控，也无法决定。她拒绝这种不受控的人生，她只想把所有东西都攥在手里。

但是，现在不一样了。

她再次得到了能够面对未来、面对未知、面对失控的勇气。

这勇气本就存在于她的身体里，属于她，为她所用。

时间悄然流逝，她听到企鹅老师开口说道："我们的咨询到这里告一段落。"

林鹨女士抬起头，正好看到了企鹅老师脸上温和的笑容，她心里也暖洋洋的。

"接下来，我们会和椀鸟一起做点事情。"

企鹅老师的声音坚定而有力，让她也不禁兴奋起来。

"父母的改变对孩子很有帮助。现在，你的内在已经有了充沛的能量，你的改变将给椀鸟提供无尽的支持。"

听到企鹅老师这段话，林鹨女士点了点头。

没有人比她更清楚她与椀鸟之间的变化。这段时间回到家，她和椀鸟渐渐可以正常沟通了。要知道，以往她们根本说不上一句话——她不知道要说什么，椀鸟也总是一副没有耐心听的样子。椀鸟近来暂时不回学校上课，待在家里，于是她也在家守着女儿。这样的共处，似乎让一切矛盾都无所遁形——明明住在同一屋檐下，却从早到晚没有任何交流，说出口的只剩下"起床了""吃饭了""多吃点儿"这样的基础对话。可是，真正基于心灵的交流，正是在"非基础"对话间产生的。

然而，自从她开始进行心理咨询后，一切都在慢慢地好起来。对于面前这个去掉了伪装，可以真实表达自我的妈妈，椀鸟似乎也感到很轻松，开始愿意和她有一搭没一搭地聊天。有时是一些无关痛痒的闲聊，有时是一些不着痕迹的试探……无论如何，一切都开始往好的方向发展。

她也真心期待着，和椀鸟能够自然地拥抱、亲近的那一日。

第十四章

椀鸟发现，期待也是一份信任

如上次会面结束时约定的一般，企鹅老师与林鹬女士的咨询暂时中止。

回归现实世界，林鹬女士的改变并不激烈，而是一步一个脚印。按照之前画的九宫格，她慢慢计划着未来的路线：工作，情感，生活……虽然世界并非线性发展，改变也并非只有好的一面，但是，林鹬女士能够找回底气，往前踏进，就是值得庆贺的。

和椀鸟约定见面的前一天，企鹅老师还与林鹬女士通过电话。

当时，企鹅老师刚结束了一顿自己精心烹饪的晚餐。在这些事上，企鹅老师从来不会因为独身而丢掉仪式感。她在品尝着佐餐的葡萄酒时，手机便响了起来，来电人正是林鹬女士。

她接通了这个电话，伴随几句寒暄，她们先是聊了几句与椀鸟明天的咨询，确定好见面的时间与地点，话题中心便从椀鸟转向了林鹟女士自己。

　　这是林鹟女士主动提及的，让企鹅老师倍感意外。林鹟女士聊到了自己的工作，之前她说过想要和几个朋友合伙开一间新公司，做点新业务，如今已经完成了，事业慢慢走上正轨；也聊到了她的感情生活，她答应了某位异性的追求，她觉得对方的性格不错，现在正在约会中，他们偶尔会一起去吃一顿饭，看一场电影。

　　在听筒的电流声里，林鹟女士的声音有些失真，却如此甜蜜，带着些许女性的羞怯。虽然隔着手机，但企鹅老师似乎能想象出来这位女人红润的脸颊，爱情的滋味真是叫人艳羡。

　　面对这些好消息，企鹅老师送上了自己的祝福。而得知企鹅老师仍是单身后，林鹟女士甚至颇显俏皮地打趣了一番。

　　挂断电话后，回想起变化极大的林鹟女士，企鹅老师不禁对明天与椀鸟的会面期待起来。自上一次咨询过后，她与椀鸟已经很久没有见过面了。她十分想念这位小女孩，同时也好奇这位小女孩身上有了怎样的变化——毕竟，如果椀鸟的状况没有好转，对女儿充满担忧的林鹟女士也不可能有今天这副轻松的模样。种种征兆都指向，明天必定会是一个好天气。

第二天，企鹅老师起了个大早。她给自己做了顿丰盛的早饭。等用过早餐后，她伴着清晨的电台音乐看了一会儿书，便换好衣服，出门了。

这次，企鹅老师和椀鸟约在了一个创意园见面。原则上，如非必要，心理咨询师很少会离开咨询室进行心理咨询。因为咨询室本身就是一个自带某种场域的地方，在这里做心理咨询，当事人会更放松，咨询师的引导会更为有力，治疗的效果也会更好。

但这一次是椀鸟主动提出要到外面会谈。敲定见面时间的时候，她与企鹅老师通了电话。电话里，女孩说起自己最近喜欢上了摄影，虽然不常出门，但会在家里的院子里拍些花花草草。她想感谢企鹅老师，给老师拍些照片。听朋友说，创意园的景致很漂亮，所以她想约老师到创意园见面。

面对这样的椀鸟，企鹅老师很难说不。

事实上，椀鸟偶尔也会把自己拍摄的照片发给企鹅老师看。有时是一朵小花，有时是停驻在花蕊上的蝴蝶，有时又是一盆黑乎乎的土——要很仔细地看，才能发现里面正在努力破土而出的蚯蚓先生。

每当看到这些照片时，企鹅老师总忍不住会心一笑。她能从中看到椀鸟那颗闪亮的童心，与那双懂得欣赏美、珍惜美的眼睛。她会点评两句，发送给椀鸟。椀鸟似乎也很受用，之后拍到了满意的照片，会继续发送给她。

没有泾渭分明的边界，但也没有模糊心理咨询与真实世界的概念，偶尔向对方分享一些自己感到幸福与快乐的瞬间，这样的关系，企鹅老师觉得也很不错。

既然如此，企鹅老师也就答应了椀鸟的邀请，与她一同外出会面。

在前往会面目的地——创意园车站的路上，公车上的暖气开得很足，暖烘烘地往脑袋扑去，企鹅老师不禁有些犯困，打起瞌睡来。直到下了车，被迎面的寒风狠狠一吹，她才像被劈头盖脸淋了桶冰水，一下回过神来。

她与椀鸟几乎是前后脚到达车站，没等两分钟，椀鸟便下了车，向她挥了挥手。

椀鸟今天穿了件很漂亮的鹅黄色大衣，里头是一条有着大裙摆的白色公主裙，头上戴了顶贝雷帽，手上还拎着一把带有蕾丝花边的长伞，显得优雅又可爱。椀鸟皮肤白，大约是被温暖的车厢暖气吹了许久，双颊都泛起了健康的红润光泽，整个人像个红扑扑的苹果一样，气色很好。

企鹅老师只需一眼，就能看出椀鸟今天的心情不错。前几次和椀鸟见面时，女孩的装扮都比较随意——要知道，椀鸟从前可是一位非常注重打扮，在造型搭配上有着自己独到见解的小女士。这说明，当时的椀鸟确实自顾不暇，已经没有心力在意身外之物。而现在，椀鸟又开始精心打扮，变回了那个光彩照人的女孩，一切都在往好的方向转变。

她们沿着导航的指引，并肩从车站走到创意园。

一路上还在下着小雪，本来她们出门时雪已经停了，这会儿又慢慢飘下来。椀鸟打开了手上那把漂亮的长伞，两人躲在伞下漫步，倒别有一番趣味来。

这样走了一段路，椀鸟和她分享了近来的一些趣事。

比如小浣熊，她最近成绩有些下滑，她妈妈便给她安排了好多学习任务和课外兴趣班，所以最近小浣熊特别忙，她们有好一段时间没见了。

椀鸟模仿着电话那头的小浣熊，电话里的女孩声音沮丧地说想她了，想和她一起玩。椀鸟模仿得活灵活现，把企鹅老师都逗笑了。

她又谈起林鹞女士，说妈妈最近很忙，每天都会早早出门，但也会早早赶回来，和她一起吃晚饭。自从妈妈不再回医院上班，她已经有很长一段时间没看见妈妈忙碌的样子了。

"那你感觉妈妈的状态怎么样？"企鹅老师问。

"挺好的。"椀鸟耸耸肩，"我有些意外，但她好像也很开心的样子，有一次回到家后一直笑个不停。"

椀鸟的身体语言虽然并不是很积极，但她那洋溢着笑容的脸庞却让企鹅老师知道，她也为妈妈的改变感到欣喜。

企鹅老师适时地表达了一些惊讶与好奇，又问道："是哪种笑？"

"唔……"椀鸟转了转眼珠，回忆着当时的场景，"也不是那种幅度很大的笑，她没有笑出声，但是嘴角一直上扬，无论说多少话都没有放下去。"

说着说着，椀鸟便模仿起来。

企鹅老师突然指了指女孩的脸："咦？这个笑容和你刚刚的表情很像呢。"

"是吗？"

椀鸟略带慌张地捂住了脸，等摸到自己的嘴角时，又慢慢放下手。

"好吧，那就像吧。"她耸耸肩，"总之，妈妈最近看起来都挺开心的。"

或许在椀鸟的眼里，从前的妈妈根本不会笑，于是现在这个终于会笑的妈妈，竟然显得如此特别与珍贵。

妈妈从密不透风的、真空的玻璃罩里出来了。妈妈现在会笑，将来或许会哭，会惊讶，会悲伤，会愤怒。这些情绪的来源不一定都是好事，但人们正是因为拥有这些情感，才变得如此鲜活和生动。

无论是好的情绪还是坏的情绪，都属于我们的身体。

企鹅老师相信，椀鸟一定也深谙此理。

这个创意园的前身是一家工厂，工厂倒闭后，开发商直接在原有的建筑上修建，沿袭了当时的风格。红色的砖块堆积成一面面墙体，没有刷漆，保留着那种冰冷但原始的建筑感。

身处旧工厂那自带距离感的氛围里，椀鸟带着企鹅老师在那些造型各异的建筑里溜达闲逛。这天是个工作日，行人并不多，她们穿梭在其中倒显得很是闲适。

每当遇到一个合适的位置，椀鸟就会让企鹅老师到那儿拍照。企鹅老师没有多少经验，一开始，只能呆呆地站在原地配合，还是椀鸟亲自上阵，指点了一番，她的动作才变得不那么僵硬。

为企鹅老师设计姿势的时候，椀鸟说，以前她去漫展cosplay的时候，也会变换不同的造型和动作，让摄影师拍照。所以对于摄影，她是有一些想法的。

看着面前这个明显变得兴奋的女孩，企鹅老师尽力让自己成为一个尽职的模特，完美地配合椀鸟的指点和要求。

她们溜达了好大一圈，拍了许多张照片。走了一路，一开始的几分寒意完全褪去，现在，她们的身上都热乎乎的，像是身体里有一个被点燃的小壁炉，很温暖。

企鹅老师本身就是个很随和的人。她知道，椀鸟有很长一段时间没有去学校了，和几个好朋友之间的距离也因为各种缘故而越来越远。

这次邀请企鹅老师出来拍照，对椀鸟来说是一个很大的突破。比起以往被动地待在家里，她选择主动寻找她身边的朋友。朋友对她而言，代表了一份安全的"资源"，在感到有困难的时候，她可以加以"使用"，度过这一段时期。

虽然这听起来显得有些物质与势利，但要知道，我们平日积攒的情感体验，本身就是一笔不可量化的财富。于艰难之时，从你的"情感银行"里提一点款，未尝不是一种直接而有力的方式。

而这正是椀鸟自己探索到的方法，是独属于这个女孩的智慧。这就说明，椀鸟已经拒绝坐以待毙，她开始自己寻找解决方法，这很好。

两人来到了一栋新建筑，在楼顶和楼梯的拐角处分别拍了一些照片。拍摄结束后，企鹅老师对椀鸟说道："今天，我们还有一个小目标需要达成。"

企鹅老师选择使用"达成"这个词，也有其目的。她知道，椀鸟是一个需要每天达成某个目标，然后从中获得满足感的人。果不其然，在她说出这句话后，椀鸟的脸上瞬间流露出好奇的神色来。

看出了椀鸟的期待，企鹅老师点点头，安抚了一下椀鸟。

接着，企鹅老师无比认真地说："今天我们要来探索一个故事，名字叫做'看不见的三代人'。"

经过一个小时的拍摄，这场姗姗来迟的咨询在一间画廊里开始了。

这是椀鸟选择的场地。

在拍摄的时候，她们把创意园的园区几乎逛了个遍。途经这家画廊的时候，椀鸟被里头的装潢和画作吸引住了。于是，在和店主沟通后，她们顺利坐在了画廊内部一个小厅的沙发上，面带微笑看着对方。

这里画的都是些可爱的小动物。有的穿着芭蕾服在跳舞，有的穿着宇航服在探索月球，还有的一家三口围在池塘边钓鱼。这是椀鸟非常喜欢的环境，身在其中，她显然比以往都要放松。

这对心理咨询来说是非常好的状态。

企鹅老师捕捉到了，并且准备就此引入。

她知道，自听到那个奇特的故事名——"看不见的三代人"起，椀鸟心里便开始好奇起来，这是她难得的孩子气的一面。好奇是所有人身上都十分宝贵的特质。正因有了好奇，人们才会有所期待，事物才将不断向前发展。

企鹅老师看出了椀鸟的期待，与椀鸟一同坐在画廊的沙发上。她眨眨眼，忽然决定先行将自己的内心感受告诉椀鸟，包括她看到的椀鸟的改变，以及她对椀鸟的看法，她选择通过语言进行反馈。

"椀鸟，你知道吗？"她微笑道，"我好喜欢你今天叫我出来，我好喜欢你今天为我拍的照片，我好喜欢你主动邀请我……"

企鹅老师的话就这么不加掩饰地说了出口。每个字都像倾倒的豆子一般，一颗一颗地蹦出来，让椀鸟的脸"噌"地变红了。

在椀鸟眼里，企鹅老师的嘴巴还在一张一合，但她已经有些听不真切了。老师在说什么？老师在对谁说话？老师是在夸赞谁吗？

她的脑袋发出"嗡嗡"的震鸣声，像被按下了静音键，又像被一层厚厚的罩子罩住了，闷闷的，让她晕乎乎，像泡在温泉里。

我好喜欢。

她的脑袋呆滞地转动着，好半天才回过神。回过神后，她才发现她的嘴唇居然自己在动，在重复这句话——我好喜欢，我好喜欢——好在没有发出声音。不然，她可能会羞愧到要在地上钻个洞，躲进去。

她不禁感慨，企鹅老师真的太大胆了！难道她都不会害羞吗？

可是，她悄悄观察着企鹅老师的脸，却发现对方还是一副平静温和的表情，感受到她的视线后，又继续冲她微笑。

她惴惴不安地小口呼吸着，咽了口唾沫。

她不得不承认，她的心跳得好快，她的脑袋还是像糊了一层玻璃纸，她的脸还是烫得快要熟了。

她是个优秀的小孩，往常，并非没有大人夸奖过她。但是，那些人说的都是"你这样穿真好看""你钢琴弹得真好""你真乖"，从来没有人因为她为对方做过什么而表示感谢，更没有人对她说过"我好喜欢"——这句让她大脑一下子宕机的话。

原来，她是如此喜欢这句话。

她不知道应该怎么形容。可是，透过这句话，她觉得自己是有力量的。她被别人感谢，也被别人信任，她仅仅是做了一些很小的事情，却都被看在了眼里。

她是存在的。这是一种直达内心的鼓舞，让她觉得肺部的每一个气泡都在给她的血液输送好多好多氧气，无形的浮力正托举着她的身体。

椀鸟眨眨眼，清了清嗓子，慢慢下移视线。

她不自在地动了动身子，摇摇头道："是妈妈建议我喊你一起出门，我才喊的。她给我出的主意，不是我自己想到的。"

椀鸟显然很不擅长应对这方面的夸奖，脸埋得低低的，脸颊还带着红晕。

企鹅老师听到椀鸟说的话，不禁笑了。她歪过头转而说："那我好喜欢你听妈妈的话，邀请我出来。我好喜欢和你在一起。"

这样转变角度后，椀鸟的感觉明显好多了，红扑扑的脸蛋带着笑意，认真地点了点头。

看到重新抬起头来的女孩，企鹅老师温柔地拍了拍她的肩膀。

"今天，我们的课题是：唤醒你的内在力量。"

"内在力量？"椀鸟疑惑地重复道。

"正是。"企鹅老师用力地点点头，"有时候，我们对别人的夸奖会显得不够自信。我们总是会说'没有，没有，不是这样的'。"

说到这儿，企鹅老师疯狂地摆着双手拒绝，夸张地演绎着，把椀鸟逗得哈哈大笑。

"我们不敢接受别人的夸奖，总觉得自己没那么优秀。

一方面是因为我们担心这些夸奖的背后有更大的期待和要求，另一方面是因为我们担心自己达不到他人的预期。"

听到这里，椀鸟的眼睛睁得大大的。

她想起了无数人对自己的夸奖。

当她穿上爸爸妈妈给她买的裙子时，他们会说："你这样穿真好看，下次也这么穿。"

当有客人到家里做客时，她会被要求"露两手"。在她弹完一首高难度的曲目时，他们会说："你钢琴弹得真好，下次继续表演。"

当她参加大人的聚会，能准确喊对遇到的每一位叔叔阿姨的名字时，他们会说："你真乖，和其他调皮的小孩子一点都不一样。"

对于他们而言，夸奖似乎只是一种手段。真正重要的是跟在夸奖后面的要求与比较。

以往，听到这些话时，椀鸟的心里只有百分之百的抗拒与否认。

她抗拒他们说她"好"，因为这代表她下次还要同样好，同样优秀。如果她下次没做好，他们就会认为她懒惰了，不努力了，变成了不求上进的坏小孩。与其被终有一日会跌落的恐惧绑架，她宁愿一开始就成为一个"坏"小孩，普通的小孩。

这些道理，椀鸟从小就知道了。

"老师，我很讨厌别人那样夸我。"

椀鸟咬着嘴唇，坚定地摇摇头："如果他们夸我，那我就要一直保持优秀。可是，我只是个普通人，没有办法每一次都那么优秀。"

椀鸟的眼神里带着哀愁与担忧："我好像都能看见，我一旦摔跤了，失败了，他们会是一副什么表情——"

一定是拍手叫好，说她终于失败了，说她的优秀都是装出来的，这下她肯定爬不起来了……

又或者说，她明明之前还可以做到的，现在就说不行了，终究还是坚持不下去，偷懒了，这样的人绝对成不了大事……

不管是哪一种情况，都会让她的心像被刺伤一样痛。

她还记得，有一次，她期中考试考砸了，出分数那天，她一走进课室，就听到同学们议论纷纷。她其实已经刻意回避他们的脸了，但那些表情还是像烙印一样被深深刻在她的记忆里。每当想起，她都仿佛被丢进当时的课室里，重新经历一遍。

她不会和他们当面对质，当然，也没有什么可说的。那个学期，她很刻苦地复习，期末考试又重新考取了好成绩。同样是出分数的那天，她走进课室，上次围在一起议论的同学依然围在了一起，然而，这一次话题的中心是谁，她就不得而知了。

她没有任何报复成功的快感，一丝一毫都没有。相反，她只是觉得自己变得更加空虚了。

有时候她觉得，这一切和别人没有关系，问题应该出在她身上。

真正有错的人，或许是她。

看着面前陷入沉默的女孩，企鹅老师适时打断了她的回忆。

"老师曾经看过一部电影，叫《窈窕淑女》。"

从记忆里被唤醒，椀鸟把双眼睁得大大的，认真地看向了企鹅老师。

根据以往的经验，她能猜到，企鹅老师又该对她讲故事了。对未知的好奇，让她暂时得以从刚刚令人窒息的场景里脱身。所以她迅速扭转思维，调动起身体的一切活力，准备仔细捕捉企鹅老师的每一句话。

企鹅老师看着椀鸟这副认真的样子，声音也不由得染上笑意。

"电影里有一位语言学教授，他叫亨利。有一天，他正好看见一位卖花女，在街上叫喊着卖花。

"卖花女有着浓浓的乡野口音，嗓门也非常大，一点也不像上流社会的人物。这口音引起了这位教授的兴趣，他跟身边的朋友夸下海口，说只要经过他本人的训练，卖花女也能成为贵族小姐。"

企鹅老师的嗓音忽高忽低，听得椀鸟如坠梦中，好像真的看见一位卖花女正在街上吆喝，还有一位穿着讲究的教授从她身旁走过。卖花女的动作可能有些粗鲁，教授的表情可能有些不屑，两个人看起来，鲜活得仿佛就在她身边。

"本来，教授也只是说说而已。没想到，这话却被卖花女听见了。她卖花是为了补贴家用，如果真的能成为贵族小姐，那她就能赚更多钱了。所以，卖花女偷偷跟着他们，请求教授把她训练成一位优雅的贵族小姐。"

说到这儿，企鹅老师站起身来，绕着椀鸟的座位打转，眼睛还不停打量着椀鸟。

椀鸟暂时还摸不透企鹅老师的意图，但企鹅老师的动作让她不禁挺直腰杆，正襟危坐起来，生怕被挑出了什么毛病。

"教授打量着在他看来不自量力的卖花女，狠狠地嘲弄了她一番。两人正要大吵一架，不欢而散的时候，教授身边的朋友说话了。"

企鹅老师忽然换了一个腔调。

"那位朋友看出了卖花女身上那种倔强的、不达目的不罢休的气质，有心成全她，但又非常熟悉自己好友的脾气。于是，他便与亨利教授打起赌来。"

企鹅老师的声音变得不紧不慢，似乎胸有成竹，头也高高地扬起来。

"他说：'两个月后就有一场大使游园会，到那时，所有有头有脸的大人物都会出席，如果你先前夸下的海口真能实现，卖花女参加游园会时没被别人识破身份的话，我就替她付清所有试验和学习的费用。'"

椀鸟看着演绎得惟妙惟肖的企鹅老师，嘴巴都忍不住张大了。

下一秒，从容不迫的企鹅老师又瞬间变得急躁起来，傲慢地哼了一声，撇开了头。

"亨利教授一听就不乐意了，这是在对他下战书呀。于是他立刻就答应了好友的邀请，开始对卖花女进行从头到脚的大改造。

"作为语言学教授，亨利虽然傲慢，对学术却是一丝不苟。他从最基本的字母发音教起，让卖花女像刚出生时牙牙学语一般，一个音，一个词，从头开始学。

"作为老师，他十分严苛；作为学者，他精力充沛，废寝忘食。所以，他对卖花女的训练极其严格。卖花女每天都和教授生活在一起，接受他的24小时'渗透式教学'。"

企鹅老师一下子又化身为教学中的亨利教授，示意椀鸟挺直脊背，收拢下巴，调整坐姿。

椀鸟也十分配合地调整姿势，继续侧耳倾听企鹅老师说的话。

"他教她高贵的言谈，高雅的穿着，还有端庄的仪态。这里面还有一句话起了作用。"

说到这里，企鹅老师卖了个关子，停顿了一下，等到椀鸟的视线紧随而至才笑出了声。

然后，她伏下身，正视着椀鸟的眼睛。

"亨利教授就这么看着卖花女的眼睛，对她说：'我想邀请一位端庄秀丽的公主，参加伦敦最隆重的舞会。'"

企鹅老师的声音好像有魔力一样，让椀鸟的内心突然敞开了。

她说不出这是种什么感觉，但是，就好像处于一个真空的罐头里，有一天，罐头被打开了，新鲜的空气重新灌进来，她久违地呼吸着空气中的甜味。

她闭上眼，贪婪地想再深吸一口。

"卖花女被教授的这一句话点亮了。在两个月后的大使游园会中，她果真脱颖而出，成为了舞会上最高贵的公主，被所有人追随、仰望。"

这时，椀鸟又看见卖花女穿着优雅的晚礼服，在宴会的正中心，被无数人簇拥着。没有人知道她两个月前还在街上吃喝着卖花，没有人能识破她的真实身份，除了在场的亨利教授。

她就像一位出身高贵的贵族小姐一样，美丽夺目，受人尊敬。

这一瞬间，椀鸟莫名有一种信念，仿佛故事里的那句话也钻到了她的心里。

她好像也可以成为她。

并不是要在两个月内脱胎换骨，从行为粗俗的卖花女蜕变为高贵优雅的贵族小姐，而是，或许她也可以扭转什么，改变什么……这样一种能力，一份力量，或许她也可以掌握。她可以成为更好的自己，奋不顾身，不畏艰苦。

故事结束了，企鹅老师问桄鸟："你觉得是什么给了卖花女力量呢？"

听到这个问题，桄鸟不自觉地皱起了眉。

她开始认真地思考起来，片刻过后，才小心翼翼地回答道："因为教授的话。"

看着面前这位谨慎作答的女孩，企鹅老师的脸上浮起了笑意。桄鸟真的是很有觉知、很有灵性的女孩。她有着比常人更加敏锐的感知力，能在瞬间理解某种情感。这种感知先人一步，也让她比常人更容易受到伤害。

企鹅老师点点头，继而开口道："亨利教授的这句话就像一颗种子，种在卖花女的心里。"

她将手握成一颗种子的模样，这颗种子蛰伏在胸腔最底部，积蓄着力量，即将破土而出。

"亨利教授甚至不曾说'你将成为一位端庄秀丽的公主'，而是直接默认了，要把卖花女带到游园会上，这是一份不言而喻的深厚的期待。"

桄鸟注视着企鹅老师的手，现在，它还是一颗种子，还在积蓄养分和能量。她的眼睛一眨不眨，生怕一个眨眼就错过了什么。

"卖花女完全接收了亨利教授的这份期待。亨利教授期待她成为那位端庄秀丽的公主，也相信她可以成为那位端庄秀丽的公主。种子种下了，并且开始生根发芽。期待，本身也是一份信任。"

企鹅老师的手缓缓张开，不断向上伸展。

她的手指在轻盈地移动着，勾勒出充满生机的弧线。

这是一朵鲜花的盛开，它从最不起眼的种子，到顺利扎根，到枝繁叶茂，再到鲜艳欲滴。

椀鸟的视线追随着企鹅老师的双手，她咬着嘴唇，在等待着什么。

其实到了这一刻，她已经说不清她想要寻找什么了，她只是再也无法停下来。她觉得，自己就是一只追逐着花朵的蝴蝶，晕头转向，迷茫不已。她嗅到了花蜜的清香，她在急切地扇动翅膀，渴望花儿的出现。

企鹅老师低下头，直视着椀鸟的双眼。

她的声音温和却坚定。

"心之所念，能量所在。当我们对某个人有所期待，是因为我们相信他有能力实现这份期待。卖花女就是这样才成为舞会上的公主。"

"期待是一份信任……"

椀鸟喃喃地说着，这句话不断在她心里盘旋，占据了她的所有思绪。

企鹅老师温柔地注视着女孩："你觉得呢？"

听到企鹅老师这句问话，椀鸟的脑海里忽然又浮现出过往的画面。

当人们对她抱有期待时，她只想着要逃离、要屏蔽一切夸赞。

起先，她被困在这些画面里。她不停地跑，而那些回忆就像长了翅膀一样，在后面追着她。它们追得太急了，她不敢停下，就这么慌不择路地向前跑。跑了这么久，她也不曾回头看一眼，看看背后追着自己的到底是什么东西。

企鹅老师的话像一记警钟，在她耳畔敲响了。轰隆隆，她被震得不断颤抖，感觉世界在断断续续地摇晃着。

那些长了翅膀的回忆，都被震碎了，从天上哗啦啦地掉下来。她还是怕，习惯了伸手去挡，奇怪的是，这些回忆碎片落在手臂上，却没有任何疼痛的感觉——她以为这些碎片会把她刺伤，会在她的身上划出伤痕，让她流血，留下疤痕。可是没有，又或者说，碎片的触感在意料之外，它们柔软得像她喜欢吃的果冻，掉落在身上，会轻轻地弹走。

她呆立在原地，愣了愣，终于，第一次觉得，自己要转过头去。

她要看。她想看。

她想知道，那个让她拼命逃跑了那么久、那么久的东西，到底长什么样子？

违背自己的逃生本能并不容易。

做出决定的时候，她的身体在颤抖，僵硬得无法转身。

一份意志要被付诸实践，除了要打败思虑周详的理智、趋利避害的本性，还要打败忠于恐惧的肉体。

她决绝地扭动僵直的双脚，一点一点，一寸一寸。她咬紧双唇，为了对抗身体内那股反抗的力量，便只能迸发出更强的能量。

然而，等终于回过头，她却又只能愣在原地。

面前是一头体积庞大的恶龙，它挥着翅膀，凶狠地嘶吼着，迎面都能感受到它灼热的气息。

可是，恶龙的身上却布满了甜甜圈、糖果、巧克力，发出甜腻腻的气味。

她向恶龙走去。

这一次，让身体动起来毫无难度。她的身体已经识别出这头恶龙毫无危险。谁能想到，我们的身体也不过是欺软怕硬的墙头草？

走得越近，那股甜腻的气味就越浓郁。恶龙还在吼叫，却已经无法吓跑任何人。

她伸出手去摸，发现恶龙的身体也是棉花糖做成的，摸起来黏糊糊的。

终于，噩梦至此终结。

空中传来碎裂的声音，她仰起头，看见阳光从裂开的天幕往下倾落。

再睁开眼时，企鹅老师依然注视着她，一如往时温柔。

她没有忘记老师正在等待什么。

那是一句话：期待是一份信任。

椀鸟垂下眼帘，过了一会儿，又抬起头，说道："我第一次知道期待是一种信任。"

她的眼睛里闪烁着光芒，像窗外的细雪，雪白而晶莹。

"原来爸爸妈妈是出于信任我，才这样对我。"

说出这句话后，椀鸟整个人都松了一口气。

她打开了心里的某一个阀门，此时的内心很放松。

"我一直觉得期待代表着压力。但，好像是因为我不信任我自己。"

椀鸟歪头笑了笑，带有一种戏谑的意味，这在一个十五岁的女孩身上，显得有些奇异，却又不难理解。

椀鸟在这个年纪，已经有着非常通透的人生观。她甚至对企鹅老师笑言自己有一个"老灵魂"。

"那现在呢？你对别人的期待有什么想法？"企鹅老师问道，"如果我对你说，我希望你之后的每一天都能像今天这样开心，你有什么感觉？"

椀鸟眨眨眼，然后笑了。

"老师，我好像听懂你的意思了。你不是在要求我变开心，只是相信我能变开心。"

然后，她的视线又落在身边那些造型各异的画上。

"好奇怪，如果是几天前，甚至是几个小时前，你对我说这句话，我会觉得很难受。"

女孩回过头来，看向企鹅老师，笑容里带了些苦涩。

"因为，我会觉得你是在要求我。我每天都有在努力让自己开心啊，我比任何人都希望自己变开心，不要总是生气，或者哭个不停，只能躺在床上，什么都不能做。"

慢慢地，椀鸟的声音染上了哭腔。

"我也很讨厌那个总是不开心的自己。但是，这根本不由我控制……

"他们总说，你开心一点吧，你看开一点吧。我知道他们是好意，但我真的很讨厌听到别人对我这么说——为什么那些知道'开心'是什么样的人，要对我指指点点，这不是一件很残忍的事吗？"

梳鸟的眼泪在此刻突然爆发了，像开闸泄洪一般，源源不断地往下流。她哭到抽噎，说话也变得断断续续的，让人听不清楚。

"他们说的每一句话，都像刀子往我身上扎，我好痛，好难受……"

梳鸟蜷缩起身体，不停地摇着头。企鹅老师伸出手，拍了拍她的肩膀，轻轻地抚摸她的后背。慢慢地，梳鸟安静了下来，空气里只剩下了细微的啜泣声。

时间静悄悄地流走，而身边的那些画却永远停留在它们的时空，有着它们的悲欢离合和斗转星移。

等到停下了哭泣，梳鸟慢慢直起身来。

沉睡的、蜷缩着的婴孩苏醒过来，力量重新回到她的手中，她要依靠它，舒展自己的枝条，张开自己的翅膀。

"老师，可是现在我懂了。"

停止哭泣的女孩露出了一个笑容，像云销雨霁，像春暖花开。

"只要我换个角度，其实，这句话也能给我力量。"

她深吸一口气，又慢慢地呼出来。

"期待是一份信任。老师你对我的期待，不是在要求我变开心，而是相信我能够变开心。它，真的有给到我力量。

"如果连我都不相信自己，那该怎么办呢？"

企鹅老师注视着椀鸟，很是感慨。

这位年仅十五岁的女孩，既是她的当事人，也是她的学生。她的内心深处，对椀鸟有深深的爱怜之情。

她知道这个家庭背后的往事，知道这个家族的荣耀、痛苦与伤痕。诞生于这样的家族，椀鸟作为最年轻的一代，其成长是历史积淀的成果。

所有剧情都在此交汇、缠绕、延续。

第十五章

探索自我伤害的原因

企鹅老师的声音放得极其轻柔。

"椀鸟，你愿意跟我分享一个故事吗？"

"故事？"椀鸟接着问，"什么故事？"

"不知道。"企鹅老师摇摇头，"这是你要告诉我的故事。我听说，森林里有一只小鸟，她是整片森林里最漂亮的小鸟，可是有一天，她不小心从树上摔下来了……"

企鹅老师的声音仿佛悬在空中，不知道将要飘向何处。

椀鸟此刻只觉得自己好像也跟随着这些话语飘浮在空中。

环绕她的那些可爱的画作此时也是扭曲的、旋转的，她努力睁开眼，却感觉眼皮很重，还是闭上眼睛更加舒服。

"小鸟才学会飞翔不久，所以，摔下来的那一刻，她也懵了。她在落地前努力张开翅膀，可还是摔伤了，翅膀都擦出了血。

"可奇怪的是，她不觉得疼。"

伴随着企鹅老师的声音，椀鸟感觉自己就是那只小鸟。森林起了大风，她站在树上，被那阵大风吹倒了。她来不及反应，只能张开翅膀，可是没掌握住平衡，重重地摔落在地上。

她站起身，观察了一下自己，发现两只翅膀都受了伤。

故事还在继续。

"也不能说不觉得疼，只是，比起这种火辣辣的灼烧感，小鸟发现，她身体里有什么东西被打开了，释放了。

"这个发现，她不敢对任何人说，潜意识里，她好像知道这种感觉不太对。那天，她努力爬到树上，把伤口包扎好。可是一直到晚上睡觉时，她脑子里还想着今天摔落时的那种感觉。"

椀鸟不由自主地摸了摸自己的手臂，有一股令人心惊的暖流，通过它传到心脏，让她不住战栗。

没来由的，她好像知道接下来的故事将要发生什么了。

"她睡不着，在树上翻来覆去，想要做点什么。"

企鹅老师的声音放得很缓，带着某种危险的意味。

"然后，她把包扎伤口的纱布撕开了。看着里面血肉模糊的创口，她心想原来皮肤里面长这样，不是很好看。"

椀鸟环起手臂，摩挲着自己的皮肤，这似乎成了她唯一能汲取一些温暖的方式。

"小鸟其实还惦记着今天那种特别的感觉。她说不上来那是什么，但她知道这是不能告诉别人的，这不好。可是，她觉得好舒服啊，就像身体泡在温水里那样。

"她想要找回那种感觉，但怎么办呢？她总不能再从树上摔下来一次。她找到低矮的树枝，从上面飞翔、俯冲，都没有那种感觉了。她被别人发现了，大家都在笑她，说她很奇怪，是一只飞不起来的小鸟。所以，后来她只能偷偷地飞，在清晨，在日暮，在夜晚，在别人看不见的地方……"

"这样是没用的。"

突然，椀鸟开口了。这让企鹅老师惊讶了一下。

企鹅老师没接话，只看到椀鸟抿紧了嘴唇，表情非常严肃。

"是的，你说得对。这样并不能帮助小鸟找到那种感觉。可是，误打误撞，她又一次不小心摔伤了。这次，受伤的是她的左腿。

"她在试飞的时候，被低矮的草丛绊住了脚，拉出很长一道划痕。

"看着自己受伤的腿，小鸟的心脏久违地升腾起当初那种感觉，那种她一直在寻找的、神秘的感觉——"

企鹅老师适时停顿了一下，就像一场交响乐，在即将来临的高潮前戛然而止。

"原来，小鸟想，我喜欢受伤的感觉。"

像一个精美的谎言，像一个漂亮的气球，在升至最高点的时候，被一下子戳破了。

于是，余下的所有幻象都会像泡影一样消逝无踪。

谎言的背后，是血肉模糊的真实。

"发现了这一点后，小鸟有些惊惶失措。这和她猜测的一样，是'不好'的事情，所以她不敢告诉身边任何人。

"她不敢告诉爸爸妈妈，不敢告诉自己的好朋友们。可是，这个念头还是如影随形、挥之不去。"

企鹅老师的话犹如咒语，在椀鸟心中蔓延。她有一种难以言喻的感觉，似乎自己很早以前就听过这个故事，知道接下来会发生什么，就仿佛亲身经历过一般。

她的呼吸渐渐变得急促，眼前的画面出现层层叠叠的虚影，时而是故事里的小鸟，时而又像是她自己。

"有一天，她终于还是伤害了自己。"企鹅老师的话语中伴随着深深的叹息，"鲜血流了出来，她觉得有些冷，有些疼，但一点都不害怕。"

"你觉得她当时在想什么呢？"她转而问道。

"她想要试试。"

很快，椀鸟给出了答案。

"是的，她想要试试。尝试的结果会是什么呢？"

椀鸟觉得自己正站在十字路口，迷茫无措。虚无的雾气里是企鹅老师的声音，她跟随着那道唯一熟悉的声音，向前迈步。

"她不知道。"椀鸟慢慢地回答道，"其实，她也不知道自己在找什么。她会痛，但是，至少她还能感觉到痛，而不是昏昏沉沉地每天闲逛。上学，放学，吃饭，睡觉，睁开眼，闭上眼……她不知道自己为什么要做这些事。她已经没有任何办法了，她只能这么做。"

面对椀鸟这段饱含痛苦的自白，企鹅老师抓住了其中一个重点。

"你看到小鸟了吗？她好像还很小……"企鹅老师引导着椀鸟，"她多大呢？"

"十三岁。"椀鸟回答得很干脆，又补充了一个时间，"初一。"

于是企鹅老师获得了一个信息：那些伤害自己的行为，从她十三岁，初一那年开始发酵。

企鹅老师又问了第二个问题。

"我很好奇，小鸟从哪里知道伤害自己的这种办法呢？她好像在从树上摔下来之前就已经知道了，只是一直没有做过。"

这句话说出口后，两人的对话又陷入了沉默。

这是一段必要的沉默，也是一个重要的转折点。企鹅老师知道，椀鸟将在这里暴露更多重要的信息，甚至会影响到后续的治疗。于是，她无比耐心地等待着椀鸟的抉择。

她选择在这时引入自我伤害的话题基于三个原因。

第一，她与椀鸟的信任关系已经建立完成，当事人对咨询师的信赖程度已经能够承载这次深入的问话，这也会对后续的治疗有相当大的帮助。

第二，经过这几次会面，企鹅老师发现，椀鸟的状态有了改变。一开始，她虽然愿意与企鹅老师交谈，却不愿意深入某一个话题，并且会自己重新开启一个新话题。而从近两次的咨询来看，椀鸟有了转变，她开始愿意深入探索某一个问题，也愿意暴露更多自己的信息。这说明，她已经拥有了更真实的自我的力量。

第三，一种心理咨询师的直觉在提醒企鹅老师，无论是上一次与林鹬女士的会面，还是这一次与椀鸟的聊天，很多细枝末节的信息都说明，或许，这正是一个合适的时机。

而现在，她选择相信自己的直觉。椀鸟的表情也说明她这一步做对了。

"她曾经看见过。"

企鹅老师还在努力整理思绪，椀鸟便已经回答了。

这个答案让企鹅老师悚然一惊，同时，又有某种隐约的预感得到了验证。我们平时的所见所闻都会化为数据，传输进我们的大脑里。潜意识往往会自行从各处搜集信息。自上次与林鹬女士聊天后，企鹅老师的大脑就推算出了某个结论，向她发射出独特的信号。

"在哪里看见的？"企鹅老师的表情没有变化，她压下自己内心探究的欲望，不动声色地继续问下去，"那个时候，小鸟多大啊？"

"应该是在家里吧。"

椀鸟回答时语速不快，但并不迟疑，相反，她回答得很果断。

不知出于什么原因，她忽略了老师关于时间的提问。

"是的，是在家里。"

企鹅老师点点头，没有揪着先前的问题不放。

"小鸟当时看到了什么？"

她把最重要的问题问出了口。

沉默，又是一阵沉默。

空气仿佛在无形中凝固了，蔓延至画廊的每一个角落。雪也在不知不觉间又下了起来，窗外飘着细碎的雪花，给目之所及的一切染上白色。

行道树早已落光了叶子，枝条堆积起落雪，从窗外望过去，像涂满了白色颜料的高大的衣架，在等待冬日的新衣。

企鹅老师享用着这一份沉默。

她能感受到，在空气中，有什么情感正破土而出，拔地而起。那是一个女孩在对抗一位隐形却庞大的对手，并且，这位女孩即将要胜利了。

她注视着面前的椀鸟。

女孩动了动嘴唇，那些长埋心底的话，即将在此刻浮出水面。

神奇的是，无论是多么重要的话，每当要真正说出口的时候，又会变得很轻。舌尖咬不住，牙齿嚼不碎，那些话就这么自然地流淌出来了。

"看到了。"椀鸟说，"在浴室里，门没有关好，还留了一条缝。"

主卧浴室门的门锁一直有些问题，关门的时候需要重重地往下按才能关紧。

如果没有重重往下按的话，锁舌便会慢慢地弹回去，浴室门便悄悄地打开了。

那天的妈妈，应该也忘了这一点。

可能太心急，可能忙坏了，可能一时冲动，可能无暇顾及……在这些可能里，也许还存在着一种可能——那时候的妈妈已经不在乎这个门有没有锁好了。

所以，她那天提早放学回到家的时候，才会一不小心看到了。

那是一个周五，她还清楚地记得。

参加学校运动会时，椀鸟不小心扭伤了脚，虽然不严重，但也不适合参加接下来的项目了，所以她选择早点回家。

她带了钥匙，没让妈妈帮忙开门。家里静悄悄的，她一开始没多想，后来也不知道为什么，她突然想去主卧看一看。

主卧是爸爸妈妈的房间，房间一片寂静，只有浴室亮起了灯。

她走过去，刚好看到浴室露出了一条缝。

当时她做了一个决定。

其实，从看到那条门缝的时候，她的心脏就开始怦怦狂跳起来。她要偷偷地、隐蔽地做某件事了，她要从那小小的缝隙里，看到天大的秘密了——不知怎的，她在那一瞬间就领悟到了这一点。

"她好像知道里面会发生什么，"椀鸟的声音波澜不惊，平静的表面下是汹涌的浪潮，"所以，她把自己的眼睛凑了过去。"

凑近的瞬间，她的心跳快得像要蹦出来似的。

然后，她的耳朵捕捉到了一些细微的声音，很难形容。

"一开始她只看到了浴室的光，很白，很刺眼。"

椀鸟甚至抬起手，挡了一下眼前的光线。不知不觉中，她好像又回到了那一日。

"她不知道发生了什么，可是一低头，就看到了妈妈。

"妈妈在伤害自己。她从不穿露胳膊的衣服，所以我也没有看到过她的手臂。"

椀鸟比画了一下手臂的位置。不知不觉间，她的人称已经替换为了"我"。通过隐喻的故事提高当事人的接受度，继而让当事人自己慢慢接受真实。这是一个很好的推进方式。

"其实妈妈用来伤害自己的工具我见过。"椀鸟渐渐握住了拳，"我是见过的。但我当时没在意，我不知道为什么妈妈要把它放在浴室里。我只看见过一次，后来它就不见了，那次大概是妈妈没放好吧。"

这样的行为设计得并不周详，实施得也并不完美，甚至或多或少出了纰漏。但椀鸟还是直到这一天才发现。

妈妈很专注，所以完全没有发现门外的她。她也就这么看了一会儿，然后悄悄地走了。

是的，她的心很乱，但当时唯一可以确定的想法是——她不想让妈妈发现她看到了。

所以她走了。她把书包背上，离开了家。那天她在附近的公园坐了一整个下午，喂了好久的蚊子，然后在平时回家的时间，又站在了家门前。

这一次，她乖乖地敲了门。

门打开了，妈妈就站在门后，对她报了一些菜名，意思是今晚的晚饭就吃这些。

她的腿还是有点疼，所以走路有些一瘸一拐。妈妈看出了她的异样，问她怎么了。

当时，她看着妈妈新换上的长袖衫，眨眨眼，没能马上回复。

她是过了一会儿才回答的。

"不小心摔了一跤。"

她只能这么说。

"后来……"

椀鸟的声音突然变得非常遥远，像在雾里一般。

"后来，我也想要伤害自己。我想知道妈妈是什么感觉。"

自从椀鸟沉浸在这个故事里，她就没有再看企鹅老师一眼。但现在，她终于偏过了头，直视着身旁这位老师。

她的眼睛里闪烁着泪光，脸上的微笑带着些苦涩与无奈。

"伤害自己的时候，其实，我很开心。"

眼泪渐渐溢出眼眶，一滴一滴滑落在脸上，像无声的河流。

"以前，我总觉得妈妈有自己的世界。我进不去，她也出不来。"

椀鸟努力用袖子擦拭自己的眼泪，却只是哭得更凶了。

"也许我是个坏孩子。我对自己说，如果妈妈不爱我，那我也不爱妈妈就好了。这样就不会难过，不会伤心。可是……可是……"

她再也忍不住了，将脸埋在手心里，痛痛快快地哭了起来。

"我还是想知道妈妈的感受，所以我也这么做了。这么做的时候，我感觉自己和妈妈是一体的，我在和妈妈做一样的事情，我知道妈妈是因为心里难受，才会这么做……

"我知道了妈妈的秘密。"

女孩的啜泣让她的声音变得支离破碎起来。

"这样，我就和妈妈有了同一个秘密……"

故事进行到这儿，已经不需要再叙述更多了。

椀鸟发现了母亲的这个行为，这成了她尝试的一个新手段。

在心理问题发展到最严重的那一天，她伤害自己的程度也更重了。

这样的行为也同样是一种"传递"和"继承"。

父母是孩子的第一任老师，这句话并不仅仅指积极正向的一面。

孩子会学习父母对书籍的态度。是不求甚解，还是含英咀华？是随手丢弃，还是手不释卷？孩子也会学习父母待人处事的风格。面对别人的刁难，是愤怒还是冷静？是据理力争还是委曲求全？

而像椀鸟这样的孩子，还会学习父母处理痛苦的手段。是逃避，还是直面？是默默疗伤，还是寻求帮助？是积极应对，还是听之任之？

企鹅老师温柔地抚摸着椀鸟的脊背，让她从痛哭中冷静下来。

第十六章 看不见的三代人

　　企鹅老师想继续对椀鸟做一些疗愈，她决定接着借助刚才的故事——小鸟的力量。不知怎的，她觉得这样的安慰方式椀鸟会更容易接受一些。

　　"椀鸟，你看到了吗？你在哭的时候，小鸟好像也在哭。"

　　她的手依然轻拍着女孩的后背，像母亲在安抚摇篮里熟睡的小孩。

　　"你看到了吗？你看到小鸟了吗？"

　　椀鸟的哭声渐渐停息，到最后，一切归于平静。企鹅老师的动作却没有停止。

　　"小鸟……在哭……"

　　椀鸟的语气带着迷茫。

　　"是的，你看见了吗？小鸟听到了你的哭声，所以她也在哭呢。"

企鹅老师静静地注视着面前的女孩。

女孩的眼眶和脸部因哭泣而变得通红，和今天刚见面时那个精致漂亮的女孩差别很大，但还是同样可爱。

听到企鹅老师的话，女孩愣了愣，然后便不自觉地屏住了呼吸，似乎想要捕捉别人的哭泣声。

看见椀鸟的表情，企鹅老师欣慰地笑了。

她继续说道："我想邀请你与我一起，和小鸟说些话，可以吗？"

椀鸟轻轻地"嗯"了一声，点点头。

企鹅老师向她伸出手，椀鸟也缓缓地握住了，随后，两人都站起身来。

站在画廊中央，企鹅老师的指令在这个空间里发出震慑心魂的回响。

"此刻我想请你蹲下来，抱住自己。"

接着，企鹅老师慢慢松开了椀鸟的手。

"你会说，对不起，我一直忽略了你。我总是向外看，却不知道你在这里。"

椀鸟站在原地，过了一会儿，她蹲下身，把头埋进膝盖里，像婴儿一般蜷缩起身体，小声重复着企鹅老师的话。

"请原谅我。十五岁的椀鸟要对你说一句对不起。她伤害了自己的身体，伤害了自己的感情。她不知道怎样去跟别人沟通，因此她伤害了别人。"

椀鸟的声音开始颤抖，但她还是一字一句地念出了口。

　　"谢谢你。这十五年的时间里，就算我这么伤害自己，你都不离不弃，一直和我在一起。"

　　椀鸟闭上眼，眼皮起伏不定，眼球不停地转动。

　　她蜷缩着身体，背脊绷紧，双手攥紧了拳头，呼吸急促。

　　"你仍然给我一个好身体，让我可以穿上自己喜欢的衣服，尽情地跑步、唱歌、摄影。谢谢你一直支持着我，我知道我们会一直在一起，我爱你。"

　　这句"我爱你"说出口后，某个闸门好像被打开了。

　　椀鸟的眼泪"哗"地冲出眼眶，她抽噎着、哆嗦着，像要用尽所有力量大哭一场。

　　企鹅老师在一旁静静地等待着，她知道，这是一次重要的发泄。椀鸟需要通过这场哭泣原谅自己对自己的伤害，与内心达成和解。

　　等椀鸟平静了一些，企鹅老师继续问道："小鸟多大了？"

　　"十三岁。"

　　企鹅老师点点头，她伸出手，牵引椀鸟慢慢地站起来，两人重新入座。

　　紧接着，她看向椀鸟。

　　"你有对十三岁的小鸟许下什么承诺吗？"

　　听到这句话后，椀鸟愣在原地，眨眨眼，点了点头。

"嗯，许下了一个承诺。"

"承诺了什么？"

企鹅老师不疾不徐地问道。

"嗯……"

椀鸟低下头，捏了捏衣角，深吸一口气。

接着她抬起头来，直视着企鹅老师，说："我答应她，我会好好的，不会再伤害自己了。"

此刻，椀鸟的眼前仿佛站着一位十三岁的女孩。女孩穿着校服，左脚踝有点肿，歪着脑袋，正好奇地打量着她。

她既是小鸟，也是椀鸟。

十三岁的椀鸟听到了她的承诺，也点点头，说："好啊。"

她的声音很果断，很清脆，唤醒了椀鸟的心。

这一瞬间，她的内心涌入了很多画面，以及一种饱满的、无与伦比的情感。

她看到了无数个自己。

躺在摇篮里呼呼大睡的自己；咬着奶嘴牙牙学语的自己；第一次取下辅助轮，顺利学会骑自行车，兴高采烈的自己；换上第一套cosplay服装，对着镜子摆造型的自己……甚至还有她不认识的自己——她们长高了，穿上了"大人"的衣服，化着精致的妆容。她呆呆地看着她们，竟然没来由地有些羞怯。

她转身想要跑开，却被十三岁的椀鸟拉住了。

她还在回应先前的话。

她说："好啊。"

椀鸟想起了刚才的承诺。她对十三岁的椀鸟承诺：不会再伤害自己。这承诺在这么多人的见证下，让她心生怯意。

她恐惧地抽回手，声音有些哀伤。

"可是我做不到。"

说完这句话后，她羞愧地低下了头，却没听到任何回复。过了片刻，她总算鼓起勇气，抬起头来，却看见刚才眼前所有的自己都围成了一个圈，正面带微笑注视着她。

圆圈中心，依然是十三岁的椀鸟。

她很酷、很干脆地甩了甩头："行啊，那也可以。"

椀鸟顿了顿，下意识地抬头看向企鹅老师，对她转述了这段对话。

她没想到对方会这么痛快地回复她。

面对女孩的求助，企鹅老师轻抚着她的肩膀，给予她力量。

"是啊，我看到，小椀鸟对你有着极大的信任和包容。"

接着，企鹅老师开始和十三岁的椀鸟进行对话。

"小椀鸟，你好像很聪明，你可以给十五岁的椀鸟一个建议吗？"

十三岁的椀鸟语气依然很酷："做自己。"

"是的，做自己很好。"

听到这儿，企鹅老师不禁笑了。

她拉起椀鸟的手，给予她更多的力量。两人就这么站在圆圈中心，被大家簇拥着。

这是一种极大的、无形的支持。

"现在我希望你对所有的椀鸟说一些话，你跟着我念，好吗？"

椀鸟点点头，"嗯"了一声。

"我知道你们在这里，我不是一个人。我不是孤单的，你们一直陪伴着我。我会时不时回来看你们，我们一直在一起。"

跟随着企鹅老师，椀鸟也一字一句地复述，认真而笃定。

说完这段话后，她整个人都放松了下来。

她不由自主地挺起了胸膛，这样呼吸能汲取更多的氧气。信念的力量在她体内流淌，不仅唤醒了她的身体，也打开了她的心扉。

她抬起头，看着面前这些熟悉又陌生的脸，她们都在朝她微笑。

她一个个看过去，每看一眼，便觉得身体注入了更多的能量，像是能让她在空中飘浮起来。

她从来不知道，自己的身体里住着这么多人。她以为她只有自己——痛苦的时候，开心的时候，绝望的时候，需要拥抱的时候——孤身一人。她以为这是每个人的宿命。

但现在，她懂了，她不是独自一人。

过去的自己为她提供养分，让她有能力长大，有能力跳得更高，看得更远。

现在的自己为她提供陪伴，让她做任何决定，都可以停下来，问一问、听一听内心的想法。

未来的自己为她提供希望，她站在她们的肩膀上，便能看一看未来的样子。她曾想过放弃，她曾经看不到未来。那时候，未来对她而言，只有日复一日、年复一年的纠缠和痛苦。可现在，她已经看到了未来的自己——她长高了，留了不一样的发型，改变了穿衣的风格，但她还在笑着。

或许，未来是很美的，未来是不一样的。

她开始能抓住那些微小，但如此确凿的"真实"了。

慢慢地，椀鸟陷入了沉思中。

往常，企鹅老师都会陪着她，允许她静静地待一会儿。但今天，她们还有别的任务。

企鹅老师打断了椀鸟的思绪，用比以往更高昂一些的声音问道："椀鸟，还记得吗？今天我要带你做一个练习，叫'看不见的三代人'。"

椀鸟回过神来，看着企鹅老师的脸，才忽然想起她们今天的重点。

企鹅老师在拍摄结束后，就已经告诉过她故事的名字——"看不见的三代人"。

她点点头，努力平复自己的心情。

企鹅老师欣慰地看着椀鸟，女孩的状态越来越好，作为心理咨询师，她感到同样振奋。

接下来，她会带领椀鸟进入催眠状态。

后面的治疗，她将继续借助"看不见的力量"，为椀鸟提供精神支持。

"经过刚才，我相信你对这个环境已经有了一份安全感。"

企鹅老师的声音依然舒缓而温柔。

"再看看身旁的这些画，你有什么样的感觉？"

椀鸟环顾四周，舒展了一下身体。

"挺舒服的，我很喜欢这些小动物们。"

企鹅老师点点头，问道："你还需要什么让你觉得更放松、更舒服、更安全的东西吗？"

听到这个问题，椀鸟拿起了身旁的一个抱枕，搂在怀里。

"这个就可以了。"她耸耸肩说。

看着略带俏皮的女孩，企鹅老师的笑容变得更大。

后面的催眠也非常顺利，有了前几次的经历，椀鸟对此也十分熟悉，很快就进入状态了。

"椀鸟，当你感觉眼皮越来越放松的时候，请你想象一下，你的爸爸妈妈就站在你的身后。"企鹅老师的声音缓缓传来，"爸爸会站在左边还是右边？妈妈会站在左边还是右边？可以给我一个手势示意一下吗？"

听到企鹅老师的话，椀鸟指了指，爸爸站在右边，妈妈站在左边。

企鹅老师点点头，继续往下推进。

"现在，请你邀请你的爷爷奶奶、外公外婆站在你的身后。是的，你没有见过他们，你并不知道他们的样子，但你的爸爸妈妈知道他们的样子，请你的爸爸妈妈邀请他们站在你的身后。"

企鹅老师的声音温和而有力。

椀鸟原本皱紧的眉头现在也慢慢舒展了。

"现在，你的身后已经有一些人了吧。"企鹅老师适时地停顿了一下，接着又说，"请你爷爷奶奶、外公外婆他们四人各自的爸爸妈妈分别站在他们的身后。"

椀鸟的表情依然十分严肃，一次性和这些不曾见过面的"陌生人"相处，她在心里慎重地处理着。

椀鸟能够这么严肃地对待，是一个很好的信号。

企鹅老师继续传达着指令。

"好的，请你想象，你身后这些人的背后也都站着自己的爸爸妈妈，这个队伍在持续壮大。"

过了一会儿，她看到椀鸟谨慎地点了点头。

"现在，你站在最前面，你的身后有很多很多人，他们都是你的亲人。这时候，你感觉有一位亲人，他与你有很深的连接，你是可以感受到他的存在的，他也是知道你的，他在你的左边还是右边？"

椀鸟深深地吸了一口气，说道："在我的右边。"

根据前面的对话，椀鸟的爸爸在她的视角里就站在右边。

　　"他是爸爸那边的亲人，是吗？"

　　"是的。"椀鸟的声音不大。

　　"这位亲人好像是个了不起的人。正因为他，这个家族才得以延续。他是一位男性还是一位女性？"

　　这一次，椀鸟回答得很快："是一位女性。"

　　"她是盘着头发的，还是披着头发的？"企鹅老师继续问道。

　　"盘着头发，头上戴着抹额。"

　　椀鸟将手抵在额头上，比画了一下。

　　"她好像有一句话要对你说。"

　　企鹅老师的声音忽然带有一种缥缈的、不沾地的感觉。

　　椀鸟只觉得眼前一下子被雾气环绕，看不清前方的道路。

　　"你是在这么多亲人的期待下来到这个世上的，她想对你说什么呢？"

　　听到这句话，椀鸟转过身，看着那位女性。

　　她看起来很温柔，很慈祥，这也给了椀鸟问出口的勇气。

　　"您有什么话想对我说吗？"

　　这时，那位女性点了点头，她在雾色的遮掩下，显得朦胧而恬静。

"囡囡，你好。"

她只说了这么一句，却像一场疾风，瞬间吹散了所有的浓雾。

椀鸟站在原地，只觉得迎面被吹了个透心凉。狂风拍打着她的衣衫，她的头发也随之四散开来。

好久不见。

这是她的第一个想法。

这是一种久违的、熟稔的气息，把她全身都紧密地包裹起来，密不透风。

她甚至挣脱不开这个温柔的防护罩。

而在企鹅老师的视角里，椀鸟则是突然扬起了一个大大的笑容。

"她跟你说了什么？"企鹅老师问道。

"没说什么，她只是喊了我的小名。"

椀鸟的表情可不像是"没说什么"的样子，虽然企鹅老师看出来了，但也没有往下追问，而是说："那你有什么话想对他们说吗？"

女孩再次用力地皱紧了眉头，看起来十分可爱。她沉吟了一会儿，然后才开口。

"我想说，你们也要照顾好自己啊。"

她说得很认真，眉毛还紧皱着没有松开，像个小大人。

这句话乍一听更像是长辈对晚辈说的话，只不过这个长辈此刻正在另一个世界，另一个维度。椀鸟作为这个世界的

"长辈"，说这句话，倒也不算违和。

企鹅老师淡淡地微笑着。

"这位亲人听到你这么说的时候是怎么回答的？"

椀鸟再次短暂地沉默了。她竖起耳朵，听了一阵，然后便复述了那位女性对她说的话。

"她说：'你好，我们好。'"

每说出一个字，椀鸟心里承载的重量便会多一分。

没来由的，明明是第一次见面，椀鸟却确信，他们真的是自己的亲人。

在时间的长河里，无数人的命运交织，但会有那么一根线，将一部分人联系在一起。那根线，让她得以在数千年后，溯流而上，寻找自己的根脉。

那根线，是亲缘；那根线，是血脉。

在今天的旅程里，她获得了两项觉知。

如果说第一项是关于与自己的"连结"，那么她会给第二项起一个名字，叫"万物有因"。

人是孤独的，我们每天与自己对话上千遍，每一声呼唤，得到的只有胸腔传来的空荡的回音。

有时候，无论怎么说，怎么做，怎么表达，寄予多少希望，对方都无法给予你想要的东西。这时候唯有沉默，唯有责怪这些回音为何如此响亮，烦扰每一分每一秒的生活。

可是，如果，回头看呢？

并非看你来时的路，并非看你呱呱坠地的起点，而是看那更遥远、更原始的地方。

你的存在不是随意拼凑而成的。

你不是没有缘由的化学符号。

你是一条有源头的河。

现在，椀鸟正站在高处。

她觉得自己被某种力量托举了起来。她挺直腰背，那种力量又延展开来，指向那目不能及的远方——那是她总有一天会抵达的地方。没来由的，她有了这种自信。

"我想请你，再回头看看身后。"

企鹅老师的声音适时响起。

"感受一下，他们都在你身后。"

椀鸟回过头，背后的人像一群士兵，沉默地站着，她听不见他们的声音，也看不清他们的面容，却依然能感受到这份强大的力量在支撑着她。

"椀鸟，正因有这么多人，你才来到了这个世界。"

这句话，像春风一般吹进了椀鸟的心里。

她将手放在心脏的位置，深深地吸了一口气。

是的，心里充盈的情感像一汪即将出露地面的泉水。

这一刻，她读懂了这份力量的名字。

它叫爱。

看着面前沉默的椀鸟，企鹅老师并未打扰。

下一秒，椀鸟的脸上却突然扬起笑容。那是一抹带着些任性的笑，企鹅老师第一次在她脸上看到这样的神采。

此刻的椀鸟就像一个孩子，可以肆意撒娇，可以率性而为。

不，企鹅老师眨眨眼，她总是忘记，椀鸟的确就是个孩子。

椀鸟身上表现出的那种成熟，总是会让人忽略她的真实年龄。

从前，她偶尔表现出的任性和嚣张，更多是由于安全感的缺失。她没有力量，也没有底气去展示内心那份真实的任性，直到此时此刻。

她从她的起源，她看不见、摸不着，却在宇宙里真实存在的家族纽带中获得了勇气和力量。

企鹅老师接着问道："如果这些亲人身上有一道光，这道光能让他们聚拢在一起，能让你在人群中一眼就识别出他们来，这道光是什么颜色的？"

"是淡淡的红色。"椀鸟点点头。

"如果你想变得更有力量、更加舒适，你想对这个颜色做出什么调整吗？"

"不需要了，这样挺好的。"椀鸟回答道。

"很好。"企鹅老师赞许道。

"现在，我想请你跟这些亲人暂时告别，告诉他们，你知道他们在这儿，你随时都可以回来探望他们。你知道他们有自己的事情，他们也过得很好。现在，你也有你的事情要做，你也会过得很好。"

看着缓缓点头的椀鸟，企鹅老师继续说道："当你完成告别后，我想请你用自己的节奏，慢慢地回到这个画廊里。"

可能只有一瞬，也可能过去良久，椀鸟轻轻地睁开了眼睛。画廊里的光让她有一瞬间的不适应。她眨了眨眼，等视线恢复清晰，才看向身旁的企鹅老师。这一次，她竟然觉得企鹅老师的身上也散发着淡红色的光。

她歪着头打量起企鹅老师来："老师，我觉得你的身上也有淡红色的光。你是不是也是我的亲人啊？"

这番可爱的话把企鹅老师逗笑了。

"我不知道。"企鹅老师微笑着看向椀鸟，"如果你现在感受到身边的人身上有淡红色的光，你会有什么感受呢？"

听到这个问题，椀鸟认真地"感受"了一番。

片刻后，她笑着说道："我觉得没那么孤单，没那么害怕了。"

椀鸟的眼神慢慢变得坚定："我想走出去，看看别人身上会不会也有淡红色的光。"

说完这一句，她又像说服了自己一样，再次点点头。

"我有点想出去。"

企鹅老师赞同地笑了。

"好啊，去哪里？你决定，我就跟着你走。"

接下来，她们礼貌地告别了画像里的每一只小动物，然后离开了画廊。

创意园里的人突然变多了，可能正好赶上一个小高峰。

椀鸟走在前头，带着企鹅老师来到了街市上。来往的人群熙熙攘攘，都长着一张她不曾见过的脸。以前走在人群里，她会低着头闷头前进。她不喜欢看陌生人的脸，也害怕他们向她投来的视线和眼神——那是她不可预测的，她无法忍受。

而现在，她好像第一次抛开了恐惧。她试探性地看着每个人的脸，有些人会淡漠地看她一眼，有些人脸上挂着与身边人聊天的笑意，有些人低着头匆匆赶路，有些人与她擦肩而过，朝着她身后的小摊铺兴高采烈地冲去。

这一刻，她好像感受到了自己的渺小与平凡。

并不是所有人都会关注她，并不是所有人都会在意她。置身于人群之中，她也只是一个普通人。那些烦忧、痛苦和遗憾，在这偌大的世界里，显得这样渺小，这样微不足道。

尽管迎面走来的人里，没有谁会走进她的心，但她却蓦然觉得，那些在每一个深夜都折磨着她的孤独感，渐渐消散了。

她不孤独。

她的心里原本只有一所房子，房子里只住着她。

而现在，她发现，这所房子很大很大。关上门，她依然是一个人，她可以放肆地哭与笑，可以拥有自己的秘密与不安。打开门，她还有那么多或熟悉或陌生的邻居。他们也许也有自己的烦恼，可聚在一起时，大家却可以共享那些快乐的时刻。

后来，椀鸟的状态一直很好。

她们把创意园的整个街市都逛了一圈，椀鸟给很多人买了小礼物。有给同学的，给企鹅老师的，给妈妈的，给司机叔叔的，甚至还有给邻居家小妹妹的。

后来她还悄悄跟企鹅老师说，他们家的隔壁栋有一个小哥哥，她总能在他身上感受到力量。她想和他一起玩，所以也给他挑了一个小礼物。

那时候的椀鸟眼中闪烁着明亮的光芒。

当天夜里，企鹅老师撰写了她今天的咨询报告。由于事前已经与椀鸟的父母签订了信息共享协议，所以她也给林鹩女士编辑了一条信息，把今天的过程以及椀鸟的状态描述了一遍。她知道，林鹩女士对椀鸟的这次外出也充满着期待。同时，多年来的咨询经验告诉她，在与青少年做咨询时，时刻和他们的父母保持联系会让双方的共同目标更容易实现。

第十七章

椀鸟与爸爸完成了告别

第五次会面，约定在一周后的上午十点。这是那天回家后椀鸟与企鹅老师商量好的。

这一次，椀鸟主动提出想去企鹅老师的咨询室看看。继林鹆女士的到来后，椀鸟也即将亲临这间咨询室。

这对于椀鸟而言，又是新的一步。企鹅老师对这次会面也很期待，特意将咨询室打扫得一尘不染。

今天是个大晴天，没有下雪。阳光尤其灿烂，顺着窗台爬进来，照得人身上暖乎乎的。企鹅老师等了一会儿，助理便敲响了门，领着椀鸟走进了咨询室。而这时，企鹅老师也刚好看到了手机里椀鸟发来的信息——一句简短的"到了"。

她抬起头，椀鸟就站在她面前，和她打招呼。

椀鸟今天的状态不太好。她的背有些驼，声音听着也没什么力气。

她今天简单穿了一件短袖和一条牛仔裤，按理说是一套干练的打扮，人看起来却很不精神。

企鹅老师不动声色地打量了她两眼，桅鸟原本有一头漂亮的长发，上次见面时，她还烫了一头卷发，戴着一顶贝雷帽，很是别致。今天一看，这头漂亮的长发却一下子被剪短了，梳成了中分，头发也有点油，显得乱糟糟的。

企鹅老师明白，上次回家后肯定发生了一些事，这才让桅鸟前后两次的状态相差这么大。

她让桅鸟坐在了一旁的沙发椅上，开始从一些较为明显的变化着手。

"怎么把头发剪短了？"企鹅老师试探性地问，"发生什么事了？是自己剪的吗？"

桅鸟没有多说什么，只是"嗯"了一声，声音闷闷的，然后便塌下肩膀，不作声了。

当事人不回答，企鹅老师也并不着急追问。

窗外的风呼呼作响，她起身将窗户的缝隙关好，又拉上了窗帘。咨询室里只留下一盏橘黄色的灯，温柔地笼罩着整个房间，显得温馨而安宁。

"今天挺冷的，"企鹅老师用手搓了搓脸，"你觉得冷吗？"

对于企鹅老师的问题，桅鸟依然没有作答。

女孩仿佛沉浸在自己的世界里，她的双手交叉，手指交缠着，头也重重地垂下来，不知道在想些什么，就好像她的身上有一个保护罩，把外界的一切都屏蔽了。

面对封闭自我的梡鸟，企鹅老师轻轻地坐到她的身旁。

"出什么事了吗？"企鹅老师问。

"没有。"

女孩的回答很简短，也很迅速，几乎是在企鹅老师问完的下一秒就说出口了，像是知道企鹅老师会问这个问题，也像是在急于否认什么。

"好的。"

企鹅老师不纠结于此。她的声音带着安抚的意味，逐渐放慢语速，选择从另一个方向切入。

"你昨晚睡得好吗？"

梡鸟摇摇头。

"我昨晚一晚没睡。"

"哦？那你做了些什么呢？"

企鹅老师更进一步。

"我没做什么，一直在刷视频，越刷越烦躁。"梡鸟的声音带着懊恼，"然后我就把手机扔到一边了，但是也睡不着。"

企鹅老师继续问道："是想起了什么事情，或者发生了什么事情吗？你觉得你是因为什么睡不着？"

比起通过梡鸟的答案进行分析，企鹅老师更加相信梡鸟自己的分析能力。

一直以来，椀鸟对自己的理解和分析都是很准确的。让椀鸟习惯对自己进行剖析，对她而言也是十分有益的。很多时候，我们往往过于沉溺于自我的情感，而忘了站在一个更高的角度俯视自己、分析自己，所以我们很难清楚地知道问题出在了哪里。

本就安静的咨询室又陷入了沉默。

企鹅老师知道，椀鸟还在等待说话的时机。在合适的时间，她会选择开口。

慢慢地，女孩松开了缠绕的手指，双手轻轻摩挲着沙发椅的扶手，冰凉的触感让她困倦的身体清醒了一瞬。

昨晚她没睡好，今天醒来时脑袋也昏昏胀胀的，看东西都不清晰。在车上的时候也被暖气吹得昏昏欲睡，偏偏还没能睡着，好多乱糟糟的想法一直在脑海里打转，她就好像又被一脚踹到了谷底，望不到天。

"我昨天晚上本来睡着了。"

椀鸟缓缓说道。

"可能是在做梦吧，我看到了。"

她的语气仿佛在说一个和她没什么关系的故事。

"我看到了爸爸离开家时的画面。很清晰，像印在我脑子里一样。"

椀鸟竟然笑了笑，有一些出离的冷漠，又透着一抹悲伤。

这件事她无法改变，无论在当时，还是现在。

作为一个孩子，你改变不了父母破裂的关系，自然也挽留不了一个要离开的父亲。

好像什么事都轮不到你做决定，你在家庭这条食物链的底端，你时常被抛弃，却没有权力抛弃别人。

"然后我就醒过来了。"

椀鸟的声音很冰冷，不带任何感情。

企鹅老师没有继续发问，只是淡淡地"嗯"了一声，等待椀鸟后面的话。

"我知道他们要离婚了，是妈妈告诉我的。虽然，爸爸一直没有搬出去住，但我心里清楚，他总有一天会走的。很多时候我都在想，如果第二天起来爸爸不在家了，怎么办？"

椀鸟又再次露出那种笑容。

"我连他住在哪里都不知道。"

她耸耸肩，抬头看了一眼企鹅老师。

这一眼，好像是一个信号。

其实经过这几次的会面，企鹅老师和椀鸟之间已经建立了某种默契。椀鸟这样看向企鹅老师，就相当于将主动权交给了企鹅老师。

企鹅老师立即心领神会。

"接下来我问的问题可能有些唐突。"她停顿了一下，"在爸爸妈妈离婚这件事上，你对妈妈是什么感觉？离婚是谁提出来的？"

"是妈妈。"

椀鸟又沉默了片刻，接着语气变得无所谓起来。

"我刚开始不理解，后来就接受了。"

仔细分辨，这里面暗含了非常多的情绪。而椀鸟出于某种自我保护的意图，把它们都吞进了肚子里。

不理解，对应的是理解，这是一个人对一件事的信服。

接受，对应的却是一个人对现状的屈服。

——她认命了。这是椀鸟想要表达的。与此同时，她还有很多的不甘和不满被积压在内心的最深处，这些感受才是椀鸟亟待抒发出来的。

企鹅老师并没有放过这个机会。

"这种不理解，带给你什么感受呢？"

她试图问出椀鸟内心真实的想法。她想要听到那些"感受"。可惜的是，椀鸟只是咬了咬下唇。

"这是他们的决定。"她依旧没有敞开心扉。

企鹅老师看得出来，椀鸟对坦述自己的感受有着强烈的抗拒心理。这或许是出于长久以来习惯性的情感封闭，也或许是出于感情上的自我责备——仿佛一旦说出不好的感受，就意味着指责，还是在向"外人"指责，这对孩子来说，是一件很艰难的事。

对此，企鹅老师选择了这样解释。

"我们每个人的感受，或者称为情绪，其实是没有好坏之分的。"

企鹅老师看着女孩略显僵硬的表情，继续说道。

"这些感受本身不具备伤害别人的能力。

"有的人可能觉得说出自己的感受会伤害到别人。但正因如此，我们才不能将这些感受藏在心里。否则，假以时日，情绪在内心越积越多，就会变成真正能够伤害他人的利刃——口不择言的宣泄。"

说完了最后一句，企鹅老师停顿了一下，才接着引出后续的内容。

"接下来我所形容的情绪也并没有好坏之分。"

她的身体朝向椀鸟，靠近了一些，问道："你是否在埋怨妈妈？"

听到这个问题，椀鸟的身体颤抖了一下。但也只有一瞬，她很快就控制住了。

女孩不着痕迹地咽了口唾沫，垂下眼，像在思考什么。

这样的问话似乎在引导孩子往不好的方向去思考。

但实际上，很多孩子不愿意对他们的父母有任何不好的评价。当别人或是自己说出对父母不好的话语，他们甚至会生气——和前面提及的一样，孩子对父母天生有一种爱与忠诚，他们的潜意识在遵循这个自然法则。这是身体的本能。

所以企鹅老师在一开始就阐明了：情绪无分好坏。

对于这个问题，椀鸟始终没有回答。她只是抬起眼看了看企鹅老师，眼神里却没有了抗拒。

企鹅老师也并没有止步于此，她紧接着问出了第二个问题。

"接下来我说的这句话，可能会更加唐突。"她直接问道，"你觉得你的爸爸可怜吗？"

椀鸟又静静地看了一眼企鹅老师，没有回答。

忽然，企鹅老师转变了角度。

"你爱爸爸吗？"她问。

椀鸟眨眨眼，几乎是脱口而出。

"爱。"

椀鸟的眼睛里闪烁着某种光亮。

"你爱妈妈吗？"企鹅老师又问。

"爱。"

这次的回答比上一次更坚定。

企鹅老师没有再问了。

她只是爱怜地看着面前的女孩。说起"爱"的时候，女孩一改先前颓丧的状态，又恢复为那般闪烁明亮的样子。

能坦荡说"爱"的人，身体蕴含的能量是无穷的。

企鹅老师点点头，声音轻缓柔软，带着一些规劝和叹息的意味。

"是啊，很多时候'爱'是积极的词汇，'埋怨''可怜'则是消极的词汇。"

企鹅老师的目光像一双手，轻轻拂过椀鸟的肩膀。

"我们不能埋怨我们的母亲，无论她们的决定我们是否喜欢。因为这是不对的，孩子不能对母亲这么说话。

"我们也不能认为爸爸可怜，因为男子汉大丈夫应该是刚强且勇敢的，孩子怎么能用可怜这个软弱的词汇形容自己的爸爸？这是对父亲的不尊重。"

等企鹅老师缓缓说完这两句，椀鸟的肩膀便从僵硬的战备姿势慢慢放松了下来。

椀鸟没有作声，但她的表情已经表示出了她的认同。

甚至，被企鹅老师点明内心所想后，她反倒放松下来，恢复成较为轻松的坐姿。

"我想给你讲个故事，"企鹅老师笑了笑，"可以吗？"

比起追问下去，企鹅老师选择采用叙述故事的方式。

面对企鹅老师的邀请，椀鸟只是点了点头。

企鹅老师也点了点头，再开口时，她的语调已经调整成了讲故事的状态。

"从前有一个爷爷，他总爱带着他的孙子去森林里散步。有一次，他指着某个方向，告诉孙子，这条是回家的路。孙子说：'哦。但还有几条路都可以回家。'爷爷说：'我不知道其他的路，但我知道，这条路是最安全的。你以后只能走这条路。'孙子表面上认同了，但心里却不这么认为。"

企鹅老师再次一人分饰两角，把爷爷和孙子两个角色演得惟妙惟肖，音调时而如小孩般高亢，时而如耄耋般低沉。

"孙子有好几次都偷偷尝试走其他几条路回家。但他发现爷爷说的是对的,只有那条路最安全。后来,一直到长大离开家以前,孙子回家时都只走那一条路。"

企鹅老师笑了笑,说道:"他不知道的是,其他的路在人们的修缮下,也渐渐变得安全了,有一条甚至能直接通到他的家。"

"可是他心里认定了,只有那一条路是对的,是安全的,其他的路都是错的。"

说到最后,企鹅老师又看向椀鸟。

椀鸟一直在认真地听着这个故事,但听到结束,她好像也没有真正弄明白企鹅老师想说什么,只能眨眨眼,迷茫地与企鹅老师对视。

看着椀鸟疑惑的眼神,企鹅老师再次笑了。

"还不着急。"她话锋一转,"我更想知道,昨天晚上你梦到的那个画面,后来怎么样了?那个画面是真实发生过的吗?"

她指的是椀鸟说起的"爸爸离开时"的画面。

"是的。"椀鸟点点头,"有一天早上我突然惊醒了,冲下楼,就看见爸爸拖着行李箱往外走。"

椀鸟的声音有些酸涩。

"我整个人都吓蒙了。后来我就什么都不知道了。我好像倒在了楼梯上。"

企鹅老师随着椀鸟的描述点点头。

"在你失去意识之前,你看到了什么?"

椀鸟眨眨眼，似乎又回到了那一天，那一个瞬间。眼前的景物因为自己的晕厥而快速掠过、上下颠倒。后来她倒在地上，望着家门，却只能看见爸爸离去的背影，和他拉着的行李箱。

那是爸爸要从家里带走的所有东西。

没有她。

"我看到爸爸拖着行李箱。哪怕看到我倒下了，他也没有过来扶。"

椀鸟的声音落在空中，很轻，很缥缈。

"他只是远远地看着我，然后走了。"

实际上，针对这一件事，林鸮女士和企鹅老师有过交谈。椀鸟爸爸离开时，椀鸟的情绪异常激烈，也确实晕倒了。但那是发生在晚上的事情，并非白天。而且椀鸟爸爸在看到椀鸟晕倒的那一刻，就放下行李箱冲过去抱住了椀鸟，这才没有让她滚下楼梯。

很显然，椀鸟的记忆已经被她的想象篡改了。

企鹅老师没有指出她记忆中的错误。当初的事实已经不重要了。比起事实，更重要的是这个画面给椀鸟带来的情绪和感受，这才是她们即将要处理的。

企鹅老师接着问："你在倒下的那一瞬间，有什么样的感受？"

企鹅老师伸出手，比画了一下，一个一个分别跟椀鸟介绍道："我们知道感受的其中四种，分别是厌恶、恐惧、悲伤、生气，你当时的感受是什么？"

昏黄的光线下，企鹅老师的眼睛里流淌出温柔的暖意。椀鸟不自觉地想和她说更多，有时候，还会冒出一些令自己也难以置信的话。

"悲伤和恐惧。"椀鸟轻轻地回答道。

企鹅老师的视线带着温度，让椀鸟不由自主地低下头，不敢抬头望去。

"你在恐惧什么？"

"不知道。"

椀鸟的头伏得更低，并且摇了摇。

面对椀鸟的犹豫，企鹅老师只是温和地笑了笑。

"现在我想请你做一个深呼吸，你知道我们接下来要做什么了？"

像是回应一般，椀鸟轻轻点了点头。

"好的。"企鹅老师的声音带着安抚，"现在，我想请你以最舒服、最放松的方式坐着。"

尽管企鹅老师已经尽力安抚，椀鸟却还是僵硬地坐在原地，眼睛也睁得大大的，和以往被催眠时的姿势完全不同。

企鹅老师知道，此刻的椀鸟正处于一个极度紧绷的状态。

她已经回到"爸爸离开了"的时空里去了。催眠最重要的过程是回到过去，极度专注于那个瞬间。所以，睁开眼睛也是可以的，没人规定催眠一定得闭上眼睛才能做。

企鹅老师的声音缓慢但有力。

"我想请你想象一下，此刻的你正晕倒在楼梯上。"

椀鸟的呼吸开始变得急促，胸膛起伏不定。

"你能知道所有发生的事情，因为你的内心有一双眼睛可以看到这一切。"

企鹅老师看出了椀鸟的紧张，但没有加以干预。

"你有着非常强的感知力，你甚至可以感受到爸爸妈妈站在哪个位置。你可以给我指一下他们站在哪儿吗？他们在做什么？"

原本，她以为椀鸟看到的会是爸爸妈妈冲过来抱住她的画面。结果，椀鸟只是伸出手。

"爸爸在这里，妈妈在这里。"

她用手指了指左边，又指了指右边。

说完这句话，她的眼泪溢出眼眶，像空山骤雨，噼里啪啦地砸在她的怀里。

其实她已经忍了好久，明明从进入这间房间到现在都没有流下眼泪，现在却再也忍不住了。

企鹅老师没有阻止椀鸟，而是一如既往地允许椀鸟发泄情感。

"你可以看到爸爸妈妈的表情吗？"企鹅老师问。

"可以。"椀鸟点点头，动作幅度很大，甚至甩出了几滴泪珠。

"好的。"企鹅老师柔和地说道。

"你可以看到此刻的椀鸟在爸爸妈妈面前是什么样子

的吗？"

出乎意料地，椀鸟摇了摇头。

"他们看不见我。"她说。

这是一个很特别的回答。

企鹅老师也愣了一下，接着问道："看不见你？你是把脸捂住了？还是说这是个黑夜？"

"不。"椀鸟依旧摇着头，"我就是不想让他们看见我。"

"我明白了。"企鹅老师说。

这说明，在这个画面里，椀鸟成了局外人、第三方。

爸爸妈妈看不见她，他们相视而立。

而她也终于如愿以偿，成了一个真真正正的旁观者。

企鹅老师还在引导着椀鸟。

"此刻，有一些话，我想请你传达给他们。"

她仔细观察着椀鸟的表情。

"你知道他们要离婚了，要分开了，你有什么想说的吗？"

椀鸟咬紧了嘴唇，重重地摇了摇头。

"这是你们的决定，我管不着。"

"是啊。"企鹅老师点了点头，同时重复着椀鸟这句话。

"我想邀请你传达我接下来要说的话，好吗？"

椀鸟轻轻地"嗯"了一声。

企鹅老师缓缓开口。

"爸爸妈妈，我知道你们离婚了。这是你们的决定，我管不着。你们的感情是你们的事，与我无关。"

企鹅老师每说一句，椀鸟都会跟着默默复述一遍。于是，泪水伴随着低语，悄然滑落。

"我爱爸爸，我也爱妈妈，我爱你们，这是我的事。我感谢你们带给我生命，接下来，爸爸有爸爸的人生，妈妈有妈妈的人生，而我，也有我的人生。"

逐字逐句说着的同时，椀鸟的眼泪止不住地往下淌。

这些话像有生命一样，钻进了她的内心，用力地跳动。她的心好像被它们撕开了一条裂缝，透过这道缝隙，她看见了从未见过的风景。

她睁大了眼睛，努力抬起头，想要看得更清楚一点。

企鹅老师注意到椀鸟的这一变化。

"我想请你感受一下天空的颜色。"

她抓住了这个时机。

"我知道你现在是看不见天空的，因为我们正处于一个窗帘紧闭的房间里。"

企鹅老师向椀鸟投去了一个温柔、善意的微笑。

"但我想请你想象一下，你头顶的天空是什么颜色的？"

听到这句话，椀鸟的眼睛睁得更大了。

这时，她的眼前似乎出现了一群上下翻飞的蝴蝶，在空中洒下一串晶莹的鳞粉。

"橙色的。"

椀鸟轻轻地说。

"还在一闪一闪。"

她好像真的看到了。明明是在一个昏暗的房间里，她却透过头顶那厚重的、惨白的天花板，看见了那橙色的、一闪一闪的、亮晶晶的天空。这是属于她的天空。

椀鸟不自觉地屏住呼吸，甚至没敢眨一下眼睛，生怕眼前的景象就这么消失了。

"一闪一闪的是星星吗？还是萤火虫？"

企鹅老师的声音远远传来。

"不知道。"

椀鸟摇摇头，好像完全沉醉在这片天空下。

她的声音带着叹息："就在一闪一闪的……"

突然，企鹅老师发问了。

"为什么你的天空是橙色的？"

椀鸟愣了一下，没有回答。

这明明是企鹅老师问她的呀，她抬头看到的就是一闪一闪的橙色。可是，她怎么知道为什么是橙色的呢？

椀鸟不解地咬了咬嘴唇。

可企鹅老师还是继续追问道："人家的天空都是蓝色的，有白云，有小鸟……为什么你的天空是橙色的？"

椀鸟的语气显得理所应当："因为我喜欢。"

她挺直了胸脯："这是我喜欢的橙色。带点发暗的橙色。"

面对这样骄傲的女孩，企鹅老师凑近她说："你很奇怪。"

室内昏黄的光线里，企鹅老师看见椀鸟的眼睛盈满了未知、跳跃的情绪。

模仿着椀鸟的口吻，她一字一句地念着。

"既然你按照我喜欢的样子塑造了天空的颜色，为什么还要让我的父母离婚？我为什么不能有一对婚姻美满的父母，有一个幸福的家庭？"

企鹅老师发出的质问近在咫尺。每一句话都让椀鸟的心紧缩一下。

突然，椀鸟的脑袋里冒出了一个词——

"尝试。"

说出口以后，她自己都愣住了。

企鹅老师也愣住了，眨了眨眼睛，问道："尝试？尝试什么？"

"不知道。"椀鸟呆呆地答道。

"非常好。"企鹅老师努力回过神来，"尝试。"

她还没厘清这个词背后的含义，女孩却已经开始哭泣。

椀鸟就这么看着企鹅老师，满怀说不清道不明的悲伤，泪珠一滴一滴从眼眶中滚落，砸在了大腿上，膝盖上，融进了厚厚的地毯里。

尝试。

她对自己说。

这真是一个无望的、不甘的、无力的词语啊。

她悲痛地哭泣着。

"我想跟你分享一个我的故事。"企鹅老师依然温柔地注视着椀鸟被泪水洇湿的脸庞，"前段时间，我在一位老师家里教研，他送了我一幅字，上面写着'求不得'。我还发到了社交网络上，你看见了吗？"

椀鸟点了点头。

果然，椀鸟一直很关注企鹅老师的动态，这让企鹅老师不禁笑了。

"我当时很不理解这三个字的意思。老师曾经对我说，要接受'无常'。我说，无常就是要接受变化，老师便告诉我，你要再想想，你现在的状态其实是不接受无常。"

企鹅老师拍了拍坐着的沙发，目光在房间四处环顾。

"偷偷告诉你一个秘密，其实我也有很多烦恼的事。"

企鹅老师挑了挑眉，表情很是俏皮。

"这家心理咨询公司是我去年成立的，刚开业的那天，我想，我的公司得天天有人来，我的课程得场场爆满，我的同事都要坚定地跟着我往前走。我要赚很多的钱，我要成为了不起的心理专家。可是呢？你也看到了，这儿没什么人来，我每天都在为业绩烦恼。我的员工来了又走，走了又来，我去年也没能赚到多少钱。"

看着椀鸟眉头紧锁的样子，企鹅老师轻轻地笑了。

"我就很着急呀，我不接受我生命的无常。我总觉得，既然成立了这家公司，那就要把它做成我想要的样子。我的同学豚鼠创立了一个很大的企业，现在都快上市了；我另一个同学大象的教育公司做了十年，在业界很有名气，他从来不用愁怎么招生。我的同学都做得这么好，所以我要做得更好——可是没有，所以我很着急。"

"后来我突然间明白了，"企鹅老师对着椀鸟眨眨眼，"原来无常不是接受变化，而是接受事情达不到你想要的预期，以及接受时间会给它带来的变化。"

企鹅老师直视着椀鸟的双眼，目光柔和而坚定。

"你说，如果我把这个愿望推迟到十年以后实现呢？甚至十五年？二十年？你说我能不能达到我现在的预期？"

椀鸟郑重地点了点头。她的眉头解开了，表情逐渐有了笑意。

"你想要爸爸妈妈都在身边。现在的你做不了主，那五年后呢？十年后呢？十五年后呢？"

听到企鹅老师这段话，椀鸟整个人都放松下来，终于扬起了嘴角。

她也平视着企鹅老师，眼神中闪烁着自信的光芒。

看着这样的椀鸟，企鹅老师拿起了先前放在一旁的本子。她在纸上画了一所简单的房子，房子中央画了三个小圆圈，用圆圈代表人。

伴着窗外呼呼作响的寒风，她们躲在温暖的房间里绘制着简单而随意的图案。

"这是第一所房子，房子里住了三个人。"企鹅老师一边画，一边解释着其中的含义。

见椀鸟点了点头，她又画起了第二幅，这次房子里只有两个圆圈。

"这是第二所房子，房子里只有两个人，爸爸离开了，他在房子外面。"企鹅老师在房子外面画了一个圆圈。

椀鸟顿了顿，又点了点头。

企鹅老师又画下了第三所房子，这一次，没有人在房子里，三个人都在房子外。

企鹅老师一边描绘，一边缓缓说道："时间渐渐流逝，中间的小孩长大了。"她给中间的圆圈添上了躯干和四肢，又在周围画上其他的人。

"她身边会聚集起更多的人，有她的朋友，还有她未来的伴侣……"

企鹅老师在左右两边的人身旁也画上了更多的人："爸爸和妈妈也会遇到其他的人。他们会有自己的人生，自己的幸福，但是，你们三个人会永远在一起，生活在这个空间里。"

企鹅老师在白纸上画了一个大大的框，远远大于先前那所小小的房子。

之前的房子边缘被画上细密的虚线。

"你看，椀鸟。"

企鹅老师展示着手里的画作，简单易懂的线条下，却暗含着一种极深、极饱满的情感。

"这其实是一个隐形的家。"

话音刚落，椀鸟盈满泪水的眼眶滑落下一滴眼泪，在衣领处洇出浅浅一个圆。

椀鸟看向企鹅老师，企鹅老师也看向椀鸟。

下一秒，女孩抹去泪水，脸上露出释然的微笑。

"老师，我好像明白了。"

企鹅老师偏过头，注视着椀鸟："是吗？"

"嗯。"椀鸟猛地点头，用袖子抹去脸上的泪水。

现在的椀鸟终于有一种回归她真实年龄的孩子气了，她的每个动作都带着淘气与天真，是那样可爱，那样充满生机。

"您的意思是……人生是很长的，时间也是很长的。虽然现在我没法和爸爸妈妈生活在一起，但总有一天……"

她垂下眼睫，看着自己被泪水沾湿的衣袖，又抬起头。

"总有一天，我们会永远在一起。"

不知不觉中，椀鸟的眼前已经出现了这样一幅画面。

她还记得之前在想象中看到过自己长大的样子。画面中的她身旁站着一个男人，面容有些模糊。她的身后是爸爸和妈妈，爸爸的身旁站着一个陌生的女人，妈妈的身旁也站着一个陌生的男人，虽然看不清面容，可是大家都在笑。

她好像还养了一只狗，它趴在她的脚下，乖乖地看着镜头。

这一切都是这么美好，这么圆满。

她不是没有想象过父母都重新组建了家庭。从知道他们决定离婚以后，这个想法就像梦魇一般困住了她，束缚了她。每当想起，她的心都像被刺伤一样痛。

她害怕有一天，爸爸告诉她，他要结婚了。妈妈也告诉她，她要结婚了。她的爸爸妈妈要抛下她往前走，只有她一个人还留在原地，紧紧握住那些过去残存的回忆。

可是现在，看着那些模糊、陌生的脸，她的内心唯有平静。

她不敢相信，她看看爸爸的爱人，看看妈妈的爱人，再低头看看自己的心。

好像不痛。

因为……

她再去看爸爸的脸，妈妈的脸，自己的脸。

因为每个人都笑得好开心，好开心。

"总有一天，我们会很幸福。"

椀鸟吸了吸鼻子，露出一个大大的笑容。

"我们会再次相聚，带着愉悦的笑容。到那一刻，我们的幸福会重叠在一起，变成双倍，甚至三倍的幸福……"

椀鸟的眼睛里闪烁着期待的光芒，比她所说的橙色天空更加闪亮。

这一刻，她以前从不期待的未来突然变得触手可及，并且如此美丽。她迫不及待地想要长大，她想要看看，去未来看看。

企鹅老师把椀鸟的表情都看在了眼里。

她看出了椀鸟的期待与向往。

这个聪慧的女孩，完全听懂了刚才那个故事。她甚至自己看见了未来的画面，给出了超出企鹅老师预期的答案。

"是的，你完全明白了。"

企鹅老师点点头，爱怜地抚摸椀鸟的头发。

"你已经看到那一天的画面了吗？"

椀鸟笑着点头，俏皮地眨了眨眼。

"我还有一个故事。"企鹅老师偏过头，看向椀鸟，"想听吗？"

椀鸟没说话，但将身体微微前倾，示意自己很感兴趣。

看着女孩的动作，企鹅老师笑了笑，又讲起一个故事。

"有一个小朋友每天都会牵着他的狗出门散步。他和狗狗的感情特别好，好到他觉得自己不需要别的朋友。"

和往常一样，企鹅老师讲故事时语调非常丰富，活灵活现。

"小朋友没别的朋友，狗狗也没有别的伙伴。他每天做的第一件事和最后一件事都是和狗狗一起玩。

"他出门遛狗的时候会把狗狗牢牢地牵在身边，生怕狗狗会跑掉——他不敢想象狗狗跑掉后会遇到什么危险，也不敢想象失去狗狗以后，自己会多么痛苦。"

说到这儿，企鹅老师还比画了一番，将两只手攥得紧紧的。

"可是有一天，他不小心松了一下狗绳，狗狗就这么挣脱了，再也找不到了。很多年以后，小孩长大成人，有一天，他和他的太太在林子里散步，突然看见了一只上了年纪的狗，长得很像他从前养的那只小狗。它全身金黄，只有右腿有一块黑点。在它旁边还有几只小狗伙伴。"

说到这儿，企鹅老师没有再往下讲，反而看着身旁的椀鸟，问道："看到这样一幅画面，你有什么感受？"

椀鸟也平静地直视企鹅老师的双眼。

她展露出一个大大的笑容，颔首道："很开心。"

"虽然分开了，但他们也找到了各自的幸福，再见面的时候，依旧很开心。"

"这让我想起一句话——"企鹅老师缓缓说道，"分别会有时。"

很简短的一句话，椀鸟在心里琢磨着这五个字，感到有些怅然。

"但还有下一句，"企鹅老师眨眨眼，"他日再相逢。"

听到企鹅老师这句话，椀鸟扬起头。

这下，她看见的的确是咨询室的天花板了。但她知道，记忆里那片橙色的、一闪一闪的天空，就在那更高、更远的地方。

总有一天，她会更有力量，去击破这厚重的天花板，击破阻挡在她面前的一切，直到再次看见那片亮晶晶的天空。

到那时，她会成为更好的自己。

椀鸟深深地吸了一口气，一种微妙的力量自胸腔悄然苏醒。

对于曾经或即将要失去的一切，她终于可以平静地说一句——

"分别会有时，他日再相逢。"

后来的他们

企鹅老师戴上眼镜，点开了一封新的电子邮件。

这正是椀鸟写给她的信，里面提到她最近的期末考试成绩，并附上了一张与小浣熊外出旅游的照片。

自从咨询告一段落，她们就没有过多的联系。但椀鸟时不时会通过电子邮件向她汇报自己近期的动向，两人始终保持着不近不远的关系。企鹅老师有时也会将自己的近况告知椀鸟。她得知，椀鸟始终对心理学抱有极大的热情，现在也经常看一些相关的书籍，如果兴趣一直保持，或许真的会选择它作为大学的专业。

对此，企鹅老师为椀鸟送去了自己精心挑选的心理学书籍。

距离与椀鸟的第一次见面，已经过去整整两年的时间。椀鸟也从十五岁的初三学生，变成了十七岁的高二学生。

进入新的学校，虽然好友小浣熊不在身边，但她们依然维系着友情。椀鸟发来的邮件里时常能看见小浣熊的身影。在椀鸟的影响下，小浣熊偶尔也会穿上cosplay的服装，化上好看的妆容，和她一起出入不同的漫展。看到她们脸上的笑容，企鹅老师知道，现在的椀鸟已经不同以往——她自己选择穿上不同样式的衣服，而不是由别人来决定。

能够重回学校，对当时的椀鸟来说是特别大的进步。企鹅老师曾经收到一封邮件，椀鸟在里面透露了自己所面临的困扰——关于伤害自己后留下的疤痕。

她坦承，尽管自己已经尽可能忽略身边那些探究的视线，尽管她已经离开了原来的中学，升上新的高中，但过去的阴影依然如影随形，难以抹去。

"但是，我不想在夏天还要穿上长袖衫来遮掩我的疤痕。"

椀鸟在邮件里写道。

"我不认为它是什么羞耻的印记，它或许说明我曾经有过放弃自己的念头，但既然我现在还活着，就证明我已经战胜了这个念头。我从这场战役里胜利了。

"我不介意别人看到它，但是如果有人问起，我还得一遍又一遍地解释——当然啦，这种情况很少，多数人看到我的伤疤后都会变得小心翼翼，但这让我觉得更烦躁。"

对此，企鹅老师建议椀鸟可以与妈妈多多沟通。

企鹅老师与林鸮女士也一直有保持联系，但并非通过电子邮件，反而是使用更为便捷的手机通信软件。

林鹓女士不常说起自己的私事，但每逢节日，都会给企鹅老师送上自己的祝福。那时候，企鹅老师就会和她闲聊两句。

有时候，她们谈话的内容是椀鸟。例如椀鸟近来的学习情况，椀鸟最近又跑去哪里玩了，椀鸟的身体如何。她们建立关系的起点是椀鸟，聊起椀鸟，会让她们感觉舒心。

有时候，她们也会谈到林鹓女士的父母。

前段时间，林鹓女士抽空回了趟故乡，修缮好父母的墓地，也翻新了那栋老房子。

这也是企鹅老师给她的建议：无论如何，回到故事发生的地点，在那里进行疗愈和修复。

做这一切也是要费大功夫的。林鹓女士找来整个装修团队，挑了个日子开始动工。大约在那儿停留了一个月，才彻底完工。那一个月里，她就住在附近的酒店里。

她与企鹅老师的对话里写道："我感到一种莫名的安宁。"

"我的父母是合葬。这块墓地在我妈生前就买好了，因为她说过，她要永远和我爸在一起。以前我总觉得他们太可悲，所以一直没有回去看过。

"这一次我回家，发现墓碑旁边居然长了一圈野花，还怪好看的。我爸喜欢花，所以动工的时候，我还是让他们把这圈野花留着，它们能陪在左右，也是一种缘分。"

尘世的花，伴着坟茔，竟然生出了一种无边的浪漫与依恋。

"我想过了，人死后身体便成了骨，化了灰。如果活在世上还要被往事牵累，人活得就太累了。我不需要原谅什么，我只需要让自己快乐。奇怪的是，这么想通了以后，我反而更舒服了。我每天躺在酒店的床上，都睡得很好。我以为爸妈会托梦，但是没有，每天都能睡到自然醒。"

林鹞女士还发来了一张原本房子的照片。房子很大，是那种老式的洋房，看起来颇有岁数。

"老师，你还记得我说过的那个杂物间吗？我居然有勇气进去了。不去不知道，那个房间实在是太小了，我小时候总觉得那儿很黑，很可怕，但现在看来，主要还是闷得慌。我把它和隔壁的房间打通，这样，地方也更宽敞点儿……"

最后，林鹞女士也发来了翻新好的照片，房子既保留了原有的风格，又焕然一新。

"真好看。"

企鹅老师回复道。

虽然林鹞女士没有多说，但椀鸟或多或少地向企鹅老师透露了她妈妈的新情况。

毕竟，椀鸟每次发来的电子邮件都会详细地介绍她身边的每一位成员。

这两年里，椀鸟以及她身边的人都改变了许多。据椀鸟所说，妈妈和斑鸠叔叔相处得很好。

斑鸠叔叔正是林鹞女士先前的追求者，林鹞女士答应了他的追求，两人从那时交往到现在，关系一直很稳定。

在椀鸟状态好转的时候，林鹞女士和企鹅老师商量了一番，最终还是决定把自己的恋爱情况告诉了椀鸟。没想到椀鸟的反应却格外平静。

对此，林鹞女士很是担忧。她急慌慌地跑来询问企鹅老师，企鹅老师只能回复说，椀鸟一直是个成熟的孩子。

而椀鸟给她传来的邮件也能够解释。

邮件里写，她其实早就发现了妈妈在和别人约会。因为"那实在是太明显了"，她开始打扮，开始购买各种各样的吊带裙，开始喷香水，开始戴上漂亮的耳饰，在晚饭的时间出门。如果这都发现不了，"那等于我眼瞎"。

企鹅老师也颇觉好奇，问她："你能接受妈妈的新恋情吗？"

椀鸟则很潇洒地回复道："她开心就好，我只怕她没人疼。"

"但没人疼也不要紧，"她的语气依然酷酷的，"有我疼她。"

偶尔，椀鸟也会聊起自己的父亲。他们不时会一起吃顿饭，看场电影。在椀鸟的描述里，爸爸的状态似乎也不错，他的事业有了新进展，家里还养了一只狗。

"波比特别黏人。我如果去干别的了，几分钟没理它，它就会冲我甩尾巴，嘴巴里发出一些特别委屈的声音。

"我怀疑爸爸就是为了让我多来他家才养的波比，他好坏，都不给波比吃零食，所以我一过去，波比就喜欢往我身上扑，唉。"

听起来都是关于"狗狗太爱我"的甜蜜的烦恼。

同时，椀鸟爸爸也有了新的伴侣。

比起林鹨女士，椀鸟爸爸对于自己的伴侣颇显遮掩，椀鸟至今都未能见一面。

爸爸不说，女儿也不敢多提。父女俩就这么装着糊涂，倒也还算和谐。只是有的时候，椀鸟也会显得有些担忧，小大人的一面又出来了。

"爸爸好像又分手了，他家的香水味也没了，唉，怎么一个都谈不长呢。"

企鹅老师问她："很担心哦？"

"担心啊。"椀鸟回复道，"要是爸爸没有人要可怎么办呢。不过有波比陪着他，也没事啦。"

椀鸟与小浣熊的旅游地点定在了北方，那是椀鸟爸爸的家乡，椀鸟一直很想去看看。

她们做了详细的旅游攻略，包括每一日的行程时间、地点、具体安排等，全部写在了椀鸟的手账本上。

听说爸爸的家乡冬天很冷，夏天倒是天气很好。她们已经带上了泳衣，准备去山上的山泉水泳池好好游个泳，降降暑。她们还带上了化妆包，决定每天都把自己打扮得漂漂亮亮的，拍好看的照片。这一次，摄影师是椀鸟，模特是小浣熊。

看到这里，企鹅老师也不禁回忆起很久以前与小浣熊的通话。

那时是椀鸟重新上学的第二天，小浣熊打电话给她。

她翻来覆去地说谢谢老师，谢谢老师，怎么都止不住。

"昨晚，我和椀鸟一起回家了。我之前许过一个愿望，希望能再次和椀鸟走在回家的路上。"小浣熊边哭边笑，"老师，它实现了。"

这样的眼泪，一向是企鹅老师最乐意面对的眼泪。

她一边享受着这段回忆，一边看到这封电子邮件的结尾。椀鸟在信中问她，接下来的假期有什么安排。

"去舞厅，最近有一支舞蹈非常流行，我准备花三天时间掌握它。"

企鹅老师一字一句地回复道。

当我把这本书的初稿写出来后，很多朋友问我，为什么主角的名字是椀鸟，为什么心理咨询师叫企鹅老师？

其实这是一个真实的青少年及家庭心理咨询个案，前来咨询的女孩是一名初中女生。第一次见到她时，她把自己蒙在被子里，手腕上裹着厚厚的纱布，而房间的墙壁上则挂满了证书和她灿烂微笑的照片。

在她小学的时候，我曾去她们班级做讲座，当时她还是我的小助理，因此我能够得到她的一丝信任，开始和她聊天，探索她一次次伤害自己的原因是什么。在聊天中，她将自己称为"椀鸟"，书中所有人物角色的动物象征也都是她提出来的。其实，这种象征手法在寓言中十分常见，在心理学领域则被视为一种隐喻。

椀鸟的形象隐喻那些渴望自由、想要实现个人价值，却在家庭环境中缺少情感支持与亲密交流，在社交生活中也遭遇同学孤立与误解的孩子。而这也正是很多青少年在成长中所面临的挑战与困境。

企鹅老师则隐喻了专业的心理治疗师或心理咨询师。提到企鹅，我们脑袋里通常会浮现出呆萌可爱、充满亲和力的形象，这也是心理咨询师在前来咨询的女孩心中的形象。它背后代表着女孩所渴求的，像母亲般柔软、温和、从容的力量。也是在这种安全的互动下，企鹅老师引导女孩进行深入的自我探索，帮助她逐步摆脱过去，找回自己的内心。

此外，林鸮、小浣熊等角色也都映射了相应的人物在女孩心中的特点，每一种动物都承载了她特定的情感与特殊的含义，相信大家在阅读中也能感受到这种微妙的关联。

其实，在和青少年做心理咨询时，隐喻手法常常出现：在咨询中，他们往往会因为各种原因而产生心理防御或阻抗，使治疗过程变得困难重重。隐喻作为一种间接的表达方式，能够绕过他们的心理防御机制，深入他们的内心深处，表达出他们潜意识里的情感和需求。

青春期的少年们内在力量尚为薄弱，他们往往不喜欢以"我"自称。面对这种心理上的阻抗，心理咨询师引导他们运用隐喻的方法，将一种感受或经验映射到另一个看似不相关但具有某种相似性的物体上，他们就能把那些复杂或难以言说的心理现象表达出来。

比如在这个案例里，当事人提到她的恋爱对象时，就用了一棵树来表达。因为在她的内在价值里，早恋是不对的、难以启齿的，但是她又想和咨询师分享这件事情，因此她用了一棵快要枯萎的树来描述对方。通过这种象征性的表达方式，心理咨询师能够更深入地理解当事人对恋爱对象的情感状态及其内在的价值冲突。

总之，隐喻在心理咨询中有着独特的作用，心理咨询师通过解读这些隐喻，能够更深层次地了解青少年，与他们建立信任关系，从而帮助他们认识自己、解决内心的矛盾，让他们挣脱"牢笼"，最终与自我、与他人达成和解。

经过一个系统的心理治疗，这位女孩逐渐变得开朗、健康、阳光、快乐。如今她已经是一所名校的大学生，借着支教机会，每年暑假都会去给孩子们讲心理学相关的内容，同时也在我的训练营里担任助教。

王媛

2024年11月22日